Eberhard Schmidhäuser

Vom Sinn der Strafe

Nachdruck der 2. Auflage 1971

Herausgegeben und mit einer neuen Einleitung versehen

von Eric Hilgendorf

2004

Bibliografische Information Der Deutschen Bibliothek

Die Deutsche Bibliothek verzeichnet diese Publikation in der
Deutschen Nationalbibliografie; detaillierte bibliografische Daten
sind im Internet über http://dnb.ddb.de abrufbar.

ISBN 3-8325-0400-1

Logos Verlag Berlin
Comeniushof, Gubener Str. 47,
10243 Berlin
Tel.: +49 030 42 85 10 90
Fax: +49 030 42 85 10 92
INTERNET: http://www.logos-verlag.de

Vorwort des Herausgebers

Eberhard Schmidhäusers 1971 in zweiter Auflage erschienener Text „Vom Sinn der Strafe", der hier in einem Nachdruck vorgelegt wird, bezeichnet in zweierlei Hinsicht eine Wende. Zum einen ist er ein markanter Ausdruck der sich seit den 1960er Jahren vollziehenden Abwendung von den alten Vergeltungs- und Sühnevorstellungen hin zu einem modernen aufgeklärten Strafrecht, das auf Prävention statt auf Vergeltung setzt. Zum anderen plädiert *Schmidhäuser* – insofern abweichend vom spezialpräventiv orientierten Strafrechtsdenken der frühen 1970er Jahre – entschieden für ein generalpräventives Strafrechtsverständnis. Diese Position hat sich heute weitgehend durchgesetzt, wenngleich keineswegs alle mit der Generalprävention verbundenen Fragen als geklärt gelten können.

Schmidhäusers Überlegungen zum „Sinn der Strafe" verdienen noch aus einem weiteren Grund besondere Beachtung: Wie kaum ein anderes strafrechtstheoretisches Werk der letzten Jahrzehnte verbindet *Schmidhäuser* Gedankenreichtum und intellektuelle Schärfe mit sprachlicher Klarheit und Eleganz. Das Buch ist deshalb wie kaum ein anderes auch für diejenigen geeignet, die sich ohne besondere Vorkenntnisse mit den Grundlagen des Strafrechts beschäftigen wollen. In einer Zeit vordergründiger Effizienzorientierung des juristischen Studiums, in der Grundlagenfragen mehr und mehr zugunsten einer standardisierten Fallbearbeitungstechnik zurücktreten, kann *Schmidhäusers* zeitloser Text das Bewusstsein wachhalten, dass gerade dem Strafrechtspraktiker mehr abverlangt wird als die simple „Lösung" praktischer Fälle nach Maßgabe der jeweils „herrschenden Meinung".

Meine Mitarbeiterinnen und Mitarbeiter *Anika Feger*, *Dr. Thomas Frank*, *Meike Heinz*, *Christian Wolf* und vor allem *Dr. Anne Osterlow* haben mir bei der Neuausgabe geholfen. *Prof. Dr. Hans Kudlich* hat die Einleitung gegengelesen und kritisch kommentiert. Ihnen allen möchte ich auch an dieser Stelle noch einmal herzlich danken. Besonders zu Dank verpflichtet bin ich Frau *Elsbeth Schmidhäuser*, ohne deren Unterstützung die Neuauflage nicht hätte erscheinen können.

Würzburg, im August 2004   Eric Hilgendorf

Einleitung

von

Eric Hilgendorf

1. Die Diskussion über den Sinn von Strafe ist seit jeher von drei Theorieansätzen geprägt: Nach der *Vergeltungstheorie*, auch „absolute Theorie" genannt, liegt der Sinn von Strafe im gerechten Ausgleich eines schuldhaft begangenen Übels. Ihre klassische Formulierung hat sie im Talionsprinzip gefunden: „Auge um Auge, Zahn um Zahn". „Absolut" heißt diese Vorstellung deshalb, weil die Strafe gerade nicht der Verwirklichung irgendwelcher sozialen Zwecke dienen soll, sondern davon abgelöst („absolut") verstanden wird. Eine andere Form der absoluten Theorie, die Sühnetheorie, stellt die Sühne des Straftäters in den Mittelpunkt der Betrachtung und erwartet von einem gerechten Schuldausgleich eine Versöhnung des Täters mit der Gesellschaft.

Im Gegensatz zu absoluten Straftheorien legitimieren die Vertreter der relativen Theorien die Strafe mit bestimmten sozialen Zwecken, die mit der Strafe verwirklicht werden sollen. Der Sinn von Strafe wird also unter Bezug auf (d.h. „relativ zu") bestimmte(n) Zwecke(n) gesehen. Dabei lassen sich wieder zwei Ansätze unterscheiden: die *Abschreckung der Allgemeinheit* und die *Besserung des Täters*.

Die Theorie der *Generalprävention* stellt die abschreckende Wirkung, die die Strafe auf die Allgemeinheit auszuüben vermag, in den Mittelpunkt ihrer Überlegungen. Der Sinn der Bestrafung eines Täters liegt darin, andere von der Begehung von Straftaten abzuhalten. Ihre berühmteste Formulierung fand die Theorie der Generalprävention in der Lehre vom „psychologischen Zwang", die der deutsche Kriminalist *Paul Johann Anselm Feuerbach* (1775 – 1833) entwickelte: Sinn der Strafe ist es, dem rechtsunterworfenen

Bürger durch die Androhung von Strafe die Verwirklichung von Straftaten psychologisch unmöglich zu machen.

Heute wird die Theorie der Generalprävention in zwei Varianten vertreten: Neben der negativen Generalprävention, bei der es in erster Linie um die Abschreckung der Allgemeinheit geht, wird eine positive Generalprävention anerkannt, die darin gesehen wird, dass die Verhängung von Strafe als Reaktion auf einen Rechtsbruch das Vertrauen der Bürger in die Geltung des Rechts und damit den Rechtsfrieden bekräftigt und vertieft.

Dagegen stellt die Theorie der *Spezialprävention* nicht auf die Allgemeinheit, sondern auf den einzelnen Straftäter ab: Der Sinn von Strafe liegt darin, den Straftäter selbst von der Begehung weiterer Straftaten abzuhalten. Für die Vertreter einer spezialpräventiv ausgerichteten Straftheorie spielt der Strafvollzug eine herausgehobene Rolle, weil dort die Einflussmöglichkeiten auf den Täter besonders groß sind. Auch bei der Theorie der Spezialprävention lassen sich eine negative und eine positive Spielart unterscheiden: Von negativer Spezialprävention spricht man, wenn der Täter in erster Linie von der Begehung weiterer Taten abgehalten werden soll. Dies kann etwa durch besonders harte Strafen geschehen. Dagegen versuchen die Anhänger einer positiven Spezialprävention, den Straftäter durch geeignete Maßnahmen zu bessern, d.h. zu resozialisieren. Von den konsequentesten Vertretern dieses Ansatzes wird Strafe als eine Art sozialpädagogische oder psychologische *Behandlung* verstanden.

In den „*Vereinigungstheorien*" werden absolute und relative Ansätze verbunden, wobei das Schwergewicht teils auf dem Gesichtspunkt der Vergeltung bzw. der Sühne, teils auf dem von Spezial- oder Generalprävention liegt. Die §§ 46 ff. des heutigen StGB lassen sich im Sinne einer Vereinigungstheorie interpretieren, vor allem § 46 Abs. 1 StGB, wo es heißt: „Die Schuld des Täters ist Grundlage für die Zumessung der Strafe. Die Wirkungen, die von der Strafe für das künftige Leben des Täters in der Gesellschaft zu erwarten sind, sind zu berücksichtigen".

In der Diskussion um den „Sinn der Strafe" werden nicht selten verschiedene Gesichtspunkte miteinander vermischt. Zum einen geht es um die *Wirkung von Strafe*, also die Folgen, die mit einer Bestrafung von Straftätern verbunden sind. Die Erforschung dieser Folgen ist eine empirische Aufgabe, die in den Zuständigkeitsbereich der Kriminologie fällt. Davon zu unterscheiden ist die Frage nach der *Legitimation von Strafe*: Wie lässt sich Strafe rechtfertigen? Es handelt sich um eine normative Fragestellung, die in der Rechtsphilosophie und der Ethik behandelt wird. Beide Fragen, die empirische und die normative, hängen allerdings eng miteinander zusammen, vor allem dann, wenn man die Legitimation von Strafe von ihren empirischen Wirkungen abhängig macht. Die Frage nach der *Funktion von Strafe* schließlich richtet sich auf die (vom Gesetzgeber oder Rechtsanwender) intendierten Wirkungen der Strafen.

2. Die oben skizzierten absoluten und relativen Theorieansätze wurden schon im ausgehenden 18. Jahrhundert von *Johann Christian Quistorp* klar formuliert:[1] „Der Hauptendzweck einer Strafe bestehet darin, um dadurch einen Eindruck bey andern zu machen, und sie abzuhalten, die Ruhe und Sicherheit des Staats nicht ferner durch gleiche oder ähnliche Vergehungen zu stören. Bey Strafen, durch welche ein Verbrecher das Leben nicht verlieret, gehet auch der Endzweck noch weiter auf die Besserung desselben. Aus diesem Grund sind diejenigen Strafen billig zu verwerfen, welche die Besserung des Verbrechers hindern, und wodurch derselbe vielleicht gar zu neuen Übelthaten noch mehr angereizet wird. Ausser den angeführten Zwecken bey Bestrafungen pfleget man auch mit denselben, besonders bey dem Mangel der Schadens-Ersetzung

---

[1] Quistorp, Grundsätze des deutschen Peinlichen Rechts. Erster Theil. 4. Aufl. 1789, S. 118 f. (§ 71).

und einer sonstigen angemessenen Genugthuung, die Absicht zu haben, um dem Beleidigten Genugthuung zu verschaffen." Bemerkenswert an dieser Passage ist zum einen die Klarheit, mit der positive und negative Generalprävention einerseits, die Spezialprävention andererseits auseinandergehalten werden. Zum anderen fällt auf, dass die Gegenposition („Genugthuung") bei *Quistorp* noch nicht metaphysisch zur „Vergeltung" oder einem „Schuldausgleich" überhöht wird. Vielmehr geht es offensichtlich um die Retributionsbedürfnisse des durch die Straftat Betroffenen, die durch die Strafe befriedigt werden sollen. Durch seine Formulierung deutet *Quistorp* eine Distanzierung von der letztgenannten Funktion von Strafe an. Insgesamt klingt seine Beschreibung der Strafzwecke erstaunlich modern.

Als Hauptvertreter „absoluter" Straftheorien gelten *Kant* und *Hegel*. In seiner „Metaphysik der Sitten" (1797/1798) erklärte Kant: „Nur das Wiedervergeltungsrecht (ius talionis) ... kann die Qualität und Quantität der Strafe bestimmt angeben". Für *Kant* soll dies gerade für die Todesstrafe gelten: „So viel also der Mörder sind, die den Mord verübt oder auch befohlen, oder dazu mitgewirkt haben, so viele müssen auch den Tod leiden; so will es die Gerechtigkeit als Idee der richterlichen Gewalt nach allgemeinen a priori begründeten Gesetzen". Selbst wenn sich die bürgerliche Gesellschaft auflösen würde (etwa die Bewohner einer Insel beschließen würden, für immer auseinanderzugehen), so *Kant* weiter, „müsste der letzte im Gefängnis befindliche Mörder vorher hingerichtet werden, damit jedermann das widerfahre, was seine Taten wert sind, und die Blutschuld nicht auf dem Volke hafte, das auf diese Bestrafung nicht gedrungen hat".[2] *Kants* Anspruch, allgemeine, a priori begründete Gesetze aufgedeckt zu haben, wird allerdings heute in der praktischen Philosophie eher skeptisch beur-

---

[2] Sämtliche Zitate aus Kant, Metaphysik der Sitten, 2. Aufl. 1798, Rechtslehre, § 49 E I.

teilt. Deshalb vermag auch die Begründung seiner Strafauffassung kaum mehr zu überzeugen.

Hegel rückte in seinen „Grundlinien der Philosophie des Rechts" (1821) vom Prinzip der strengen Talion ab und vertrat stattdessen das Prinzip einer *Wertgleichheit* zwischen Verbrechen und Strafe. Strafe ist für ihn eine „Negation" des Verbrechens, die er allerdings ausdrücklich mit der Wiedervergeltung in Zusammenhang bringt: „Das Aufheben des Verbrechens ist insofern Wiedervergeltung, als sie dem Begriffe nach Verletzung der Verletzung ist."[3] Wie *Kant* lehnt auch *Hegel* präventive Strafzwecke kategorisch ab und vergleicht die Verhängung von Strafe aus präventiven Erwägungen damit, dass man „gegen einen Hund den Stock erhebt" – der Mensch werde auf diese Weise „nicht nach seiner Ehre und Freiheit, sondern wie ein Hund behandelt."[4] Mit dieser Fassung der absoluten Straftheorie fand *Hegel* in der Strafrechtswissenschaft des 19. Jahrhunderts zahlreiche Anhänger.

Auch nach der Schaffung des Reichsstrafgesetzbuches (1871) herrschte zunächst die absolute Straftheorie vor. Sie wurde allerdings in zunehmendem Maß durch generalpräventive Vorstellungen angereichert. Typisch hierfür ist die Formulierung *Karl Bindings* (1841 – 1920): „Strafe ist eine Einbusse an Rechten oder Rechtsgütern, welche der Staat einem Delinquenten von Rechts wegen auferlegt zur Genugtuung für seinen irreparablen schuldhaften Rechtsbruch, um die Autorität des verletzten Gesetzes aufrecht zu halten".[5] In dem Wort „Genugtuung" bezieht sich *Binding* auf absolute Strafvorstellungen, doch schwächt er diesen Standpunkt ab, indem er zusätzlich den Autoritätserhalt des Gesetzes ins

---

[3] Hegel, Grundlinien der Philosophie des Rechts, 1821, § 101.
[4] Grundlinien der Philosophie des Rechts (Fn. 3), Zusatz zu § 99.
[5] Grundriß des deutschen Strafrechts. Allgemeiner Teil, 7. Aufl. 1907, S. 226.

Spiel bringt. Diese Position kann als kennzeichnend für die „klassische Schule" des deutschen Kriminalrechts angesehen werden.

Dagegen vertrat die „moderne Schule", die gegen Ende des 19. Jahrhunderts durch den Kriminalwissenschaftler *Franz von Liszt* (1851 – 1919) begründet wurde, eine spezialpräventive Theorie der Strafe und lehnte alle Spielarten „absoluter" Strafbegründungen ab. In seinem „Marburger Programm" (1882) fasste *von Liszt* seine Vorstellungen zusammen: „Die Strafe ist Prävention durch Repression."[6] *Von Liszt* war stark von der Entwicklung der Naturwissenschaften seiner Zeit beeinflusst und wollte das moderne wissenschaftliche Denken auch in die Kriminalwissenschaft einführen. Im späten Kaiserreich und der Weimarer Republik setzten sich seine spezialpräventiven Ansichten zunehmend durch. Einer der entschiedensten Anhänger *von Liszts* war der Strafrechtler, Rechtsphilosoph und zweimalige Reichsjustizminister *Gustav Radbruch*.[7]

Von einer „Straftheorie" des Dritten Reichs zu sprechen fällt schwer, da unter der Herrschaft des Nationalsozialismus jede Form von theoretischer Arbeit den totalitären Zielen der Machthaber dienen musste. Immerhin kann man sagen, dass im Dritten Reich zunächst wieder Vergeltungs- und Sühnevorstellungen an Ansehen gewannen. Das NS-Kriegsstrafrecht setzte später auf Abschreckung durch extrem harte Strafen selbst für kleinere Vergehen.

Nach Kriegsende knüpfte man zunächst an die Diskussionen vor 1933 an. Dabei dominierten Vorstellungen von Vergeltung und Sühne; häufig wurden Vereinigungstheorien vorgeschlagen. „Jede

---

[6] „Der Zweckgedanke im Strafrecht", in: von Liszt, Aufsätze und Vorträge, Bd. 1, 1905, S. 126, 176.
[7] Einführend Hilgendorf, Gustav Radbruch – Jurist und Kulturphilosoph, in: Universitas 2004, S. 146 – 161.

Kriminalstrafe ist ihrem Wesen nach Vergeltung durch Zufügung des Strafübels", formulierte das Bundesverfassungsgericht noch im Jahr 1967.[8] Ähnlich äußerte sich der Bundesgerichtshof (1970): „Von ihrer Bestimmung als gerechter Schuldausgleich darf sich die Strafe weder nach oben noch nach unten inhaltlich lösen".[9] Etwa ab der zweiten Hälfte der 60er Jahre gewannen spezialpräventive Überlegungen an Bedeutung. In § 2 S. 1 StVollzG 1977 wurde die Theorie der Spezialprävention auch gesetzlich anerkannt: „Im Vollzug der Freiheitsstrafe soll der Gefangene fähig werden, künftig in sozialer Verantwortung ein Leben ohne Straftaten zu führen".

Schmidhäusers 1963 in erster und 1971 in zweiter Auflage erschienenes Buch „Vom Sinn der Strafe" leitete eine neue Phase in der Diskussion um die Strafzwecke ein. *Schmidhäuser* plädiert für eine generalpräventive Sinngebung der Strafe, wobei für ihn die negative Generalprävention im Mittelpunkt steht. Gegen die spezialpräventiven Lehren wendet er ein, sie könnten die Strafbarkeit des Gelegenheitstäters nicht erklären. Das Schlagwort von der „Resozialisierung" sei lebensfremd, weil viele Straftäter niemals „ex-sozialisiert" worden seien – es handele sich um unauffällige, angepasst lebende Bürger, die erst durch die (vermeintlich resozialisierende) Strafe aus der Gesellschaft ausgegrenzt würden. Außerdem sei es problematisch, von der „Gefährlichkeit" oder „Schädlichkeit" von Menschen zu sprechen, die auf diese Weise leicht zu bloßen Objekten staatlicher „Behandlung" herabgewürdigt würden.

Heute haben sich die Argumente zugunsten der Generalprävention weitgehend durchgesetzt, während spezialpräventive Ansätze nur noch zurückhaltend formuliert werden. Allerdings wird vor allem

---

[8] BVerfGE 22, 125, 132.
[9] BGHSt 24, 132, 134.

die positive Generalprävention vertreten.[10] Die meisten Autoren und auch die Gerichte folgen einer Variante der Vereinigungstheorie, wobei freilich unterschiedliche Schwerpunkte gesetzt werden. Als Korrektiv gegen ein rein spezial- oder generalpräventiv orientiertes Strafverständnis wird oft das Schuldprinzip herangezogen: Strafe darf das Maß der Schuld nicht übersteigen. Besonders klar formuliert findet sich diese Verbindung von Schuldprinzip und präventivem Strafverständnis bei *Roxin*: „Die Strafe dient den Zwecken der Spezial- und Generalprävention. Sie wird in ihrer Höhe durch das Maß der Schuld begrenzt, darf dieses Maß aber unterschreiten, soweit spezialpräventive Bedürfnisse dies notwendig machen und generalpräventive Mindesterfordernisse dem nicht entgegenstehen".[11]

Die Auseinandersetzung um die Strafzwecke verlagert sich seit den späten 80er Jahren mehr und mehr von der Strafrechtsdogmatik und der strafrechtstheoretischen Grundlagendiskussion hin zur Kriminologie. „Abolitionistische" Positionen, die das Strafrecht ganz oder teilweise abschaffen wollten, werden heute, im Gegensatz zu den 70er Jahren, kaum noch vertreten. Das Strafrecht wird als Mittel der sozialen Verbrechenskontrolle verstanden, dessen rationaler Einsatz hinreichende Kenntnisse seiner faktischen Wirkungen voraussetzt. Es geht nicht mehr um die Verwirklichung unbestimmter und fast beliebig ausdeutbarer Vorstellungen von „Gerechtigkeit", sondern um Kriminalitätsprävention. Insofern kann man sagen, dass sich die relativen Theorien heute durchgesetzt haben.

3. Alle genannten Straftheorien, die in zahlreichen Modifikationen auftreten, sind kritisiert worden. Gegen die absoluten „Vergel-

---

[10] Dazu kritisch Schmidhäuser, Über Strafe und Generalprävention, in: Festschrift E.A. Wolff 1998, S. 443, 447 ff.

[11] Roxin, Strafrecht Allgemeiner Teil, Band I, 3. Aufl. 1997, § 3 Rdnr. 55.

tungs-" oder „Sühnetheorien" wird vorgebracht, es handele sich um säkularisierte Formen religiös orientierter Strafvorstellungen, in denen ein Gott die Übertretung seiner Gebote mit unfehlbarer Gerechtigkeit ahnde. In einer späteren Arbeit hat *Schmidhäuser* treffend davon gesprochen, die absoluten Theorien verstünden die Strafe als eine zweckfreie „Kulthandlung".[12] Andere argumentieren, es gehe in diesen Theorien im Kern lediglich um eine Rationalisierung unserer Rachegelüste. Man kann zudem kaum bestreiten, dass die absoluten Theorien auf weitgehenden metaphysischen Annahmen beruhen, die sich einer wissenschaftlichen Prüfung entziehen. Schon die Formulierung der absoluten Theorien wirft schwerwiegende Fragen auf: Was ist ein „gerechter Schuldausgleich"? Was bedeutet es, den Täter mit der Gesellschaft zu „versöhnen"? Die auf den ersten Blick eingängigen absoluten Strafkonzepte erweisen sich bei näherem Zusehen als zu unklar und voraussetzungsreich, um überzeugen zu können.

An den generalpräventiven Abschreckungstheorien wird kritisiert, dass sie von einem stark vereinfachten Modell der Täterpsychologie ausgehen. Ein „psychologischer Zwang", wie ihn noch *Feuerbach* annahm, lässt sich mit den Mitteln der modernen Psychologie nicht verifizieren. Typischerweise gehen Täter ohnehin davon aus, nicht gefasst zu werden. Empirisch noch fragwürdiger ist die Lehre von der positiven Generalprävention, wonach Strafe das Rechtsbewusstsein der Allgemeinheit bekräftigen soll. Sie läuft auf die alte Vorstellung von einer „sittenbildenden Kraft" des Strafrechts hinaus. Dass sich die generalpräventive Theorie nicht widerlegen lässt, lässt sich nicht als Vorteil deuten,[13] sondern stellt die wissenschaftliche Brauchbarkeit der Theorie insgesamt in Fra-

---

[12] Über Strafe und Generalprävention (Fn. 10), S. 443, 451 und passim.
[13] Roxin, Strafrecht Allgemeiner Teil (Fn. 11), § 3 Rdnr. 30 weist allerdings zu Recht darauf hin, dass die Unwiderlegbarkeit der generalpräventiven Grundidee dem Einfluss dieser Theorie nicht schadet, sondern sogar eher förderlich sein dürfte.

ge, bedeutet es doch, dass sich die Theorie der positiven Generalprävention wissenschaftlich (noch?) nicht prüfen lässt. Gegen die Theorie der Generalprävention können zudem verfassungsrechtliche Argumente formuliert werden, weil der einzelne Täter bestraft wird, um auf die Allgemeinheit strafhindernd einzuwirken. Die Bestrafung wird also in gewissem Sinn als ein Mittel zur Erreichung bestimmter politischer Zwecke eingesetzt und so möglicherweise gegen die Menschenwürde des Straftäters (Art. 1 Abs. 1 GG) verstoßen.[14]

Aber auch die spezialpräventive Sinngebung der Strafe wurde mit Fragezeichen versehen. Der Euphorie der 60er und 70er Jahre des 20. Jahrhunderts folgte Ernüchterung, als sich herausstellte, dass die meisten Resozialisierungskonzepte in der Praxis scheiterten. Der amerikanische Kriminologe *Martinson* brachte den Befund auf die ebenso knappe wie aussagekräftige Formel: „nothing works".[15] Die in den vielen Varianten vertretenen „Vereinigungstheorien" schließlich, mit denen nicht wenige Autoren die Probleme der einzelnen absoluten und relativen Straftheorien überwinden wollen, laufen im Grunde nur auf eine Addition der Probleme hinaus. Eine unreflektierte „Vereinigungstheorie" stellt damit den schlechtesten Ausweg aus der Sackgasse dar, in welche die rechtsdogmatische Diskussion um die Straftheorien heute gelangt zu sein scheint.

4. Bei der Frage nach dem Sinn von Strafe geht es, wie *Schmidhäuser* herausgearbeitet hat, in erster Linie nicht um die Sinnvor-

---

[14] Allerdings ist die Annahme, ein Verstoß gegen die Menschenwürde ließe sich allein über ein Zweck-Mittel-Verhältnis definieren, schweren Bedenken ausgesetzt, vgl. Hilgendorf, Die mißbrauchte Menschenwürde, Jahrbuch für Recht und Ethik 7 (1999), S. 137, 142 ff.
[15] Martinson, What works? Questions and Answers about Prison Reform, The public interest 35 (1974), S. 22 ff; dazu auch Weigend, ZStW 94 (1982), S. 802, 808 ff.

stellungen, die der Betroffene mit der eigenen Bestrafung verbinden kann, sondern darum, welche Zwecke der Staat mit der Festlegung und Durchsetzung von Strafen verfolgen sollte. Folgt man der Prämisse, dass die Aufgabe des Strafrechts in dem Schutz bestimmter, als besonders wertvoll anerkannter Interessen liegt (die durch ihre rechtliche Anerkennung zu „Rechtsgütern" werden), so ist auch die Strafe an dieser Zielsetzung auszurichten. Strafe dient also dem Rechtsgüterschutz, vor allem dem Schutz von Leben, körperlicher Unversehrtheit, Freiheit und Eigentum. Gesetzgeber wie Rechtsanwender sind gehalten, Strafen so festzulegen, dass sie diesen Zweck möglichst wirkungsvoll erreichen können.[16]

Welche Strafen für die verschiedenen Tätergruppen und in den unterschiedlichen Deliktsformen am wirkungsvollsten sind, um Rechtsgutsverletzungen zu verhindern, ist eine empirische Frage. Ihre Beantwortung fällt in den Zuständigkeitsbereich der Kriminologie. Die absoluten, auf „Schuldausgleich" gerichteten und von jeder Empirie absehenden Straftheorien sind mit dem modernen Strafrechtsverständnis nicht vereinbar.[17] Der „Sinn von Strafe" kann heute nur in der Prävention liegen, wobei sowohl spezialpräventive als auch generalpräventive Überlegungen eine Rolle spielen können, je nachdem, welcher Ansatz besser geeignet ist, Rechtsgutsverletzungen zu verhindern. Spezialpräventive Ansätze sind vor allem bei jugendlichen Tätern durchaus sinnvoll, wobei gerade die positive Spezialprävention große Erfolge haben kann. Als Maßnahmen kommen z. B. eine verbesserte Schul- oder Berufsausbildung oder der Aufbau eines neuen Bekannten- und Freundeskreises in Betracht. Im Jugendstrafrecht wird eine Fülle derartiger Maßnahmen diskutiert. Es lässt sich freilich nicht übersehen, dass in vielen Bereichen noch empfindliche Wissenslücken

---

[16] Gegen eine zweckrationale Konzeption von Strafe, wie sie hier vertreten wird, Köhler, Strafrecht Allgemeiner Teil, 1997, S. 38 ff.

[17] Roxin, Strafrecht Allgemeiner Teil (Fn. 11), § 3 Rdnr. 37.

bestehen und deshalb Unkenntnis darüber herrscht, wie welche Art von Strafe auf bestimmte Tätertypen wirkt.

Negative Spezial- oder Generalprävention, also Abschreckung von Einzeltätern oder der Allgemeinheit durch Strafe, ist vor allem bei Delikten mit einer hohen Aufklärungsquote sinnvoll. Ein besserer Rechtsgüterschutz lässt sich hier nicht nur durch eine Erhöhung von Strafen, sondern auch durch eine Intensivierung der Tataufklärung erreichen. Ein Beispiel hierfür ist die Verhinderung von Steuerhinterziehung durch regelmäßige Prüfungen. Wenn der Täter hingegen damit rechnen kann, unentdeckt zu bleiben, zeigen Straferhöhungen kaum Wirkung. Der populistische Ruf nach immer härteren Strafen, etwa im Sexualstrafrecht, geht von falschen Voraussetzungen aus. Strafverschärfungen mögen manchen Politikern ein gutes Gewissen verschaffen und der Öffentlichkeit suggerieren, es werde wirksam gegen Fehlentwicklungen vorgegangen. In Wirklichkeit lassen härtere Strafen die gesellschaftlichen Ursachen derartiger Fehlentwicklungen meist weitgehend unberührt.

Die positive Generalprävention schließlich ist, ihrer unbestreitbaren prima-facie-Plausibilität zum Trotz, ein Mysterium. Einerseits sprechen Alltagserfahrung und „gesunder Menschenverstand" für die Möglichkeit, über die Bestrafung von Kriminellen das Vertrauen in die Geltung der Normenordnung zu bekräftigen und zu sichern. Andererseits scheint es noch nicht gelungen zu sein, die positiv generalpräventive Wirkung von Strafe überzeugend wissenschaftlich nachzuweisen.

Die Erfahrungsdefizite bei der Spezial- und der Generalprävention zeigen, dass die Strafzweckdiskussion heute vor allem von der weiteren Erforschung der Strafwirkungen, also der empirischen Sanktionsforschung, profitieren kann. Meilensteine auf diesem

Weg sind die Veröffentlichung des „Ersten Periodischen Sicherheitsberichts"[18] im Jahr 2001 und die Publikation der kommentierten Rückfallstatistik 2003.[19] Es gilt, die Folgen von Strafe zu erkennen, um Strafrecht möglichst zweckmäßig zum Rechtsgüterschutz einsetzen zu können. Dies bedeutet die konsequente Fortsetzung des Weges, den *Franz von Liszt* mit seiner „modernen Schule" eingeschlagen hat. Eine wirksame Generalprävention setzt im Übrigen voraus, dass die Strafe nicht über ein Maß hinausgeht, das von den Rechtsunterworfenen als schuldangemessen empfunden wird.[20]

Die zweckrationale Konzeption von Strafe steht im Einklang mit dem ultima-ratio-Grundsatz, wonach strafrechtliche Mittel nur dann eingesetzt werden sollten, wenn andere Möglichkeiten des Rechtsgüterschutzes nicht zur Verfügung stehen. Soweit empirische Befunde vorliegen, deuten sie darauf hin, dass wir nicht mehr, sondern weniger Strafrecht benötigen. Der Gesetzgeber scheint dies freilich ignorieren zu wollen.[21] *Schmidhäusers* Mahnung, „daß wir mit dem staatlichen Strafen *so zurückhaltend wie möglich* sein sollten" (Vorwort zur 2. Auflage, S. 5, unten S. 3), ist deshalb von unverminderter Aktualität.

---

[18] Bundesministerien des Innern und der Justiz (Hg.), Erster Periodischer Sicherheitsbericht, 2001.

[19] Jehle, Heinz und Sutterer, Legalbewährung nach strafrechtlichen Sanktionen. Eine kommentierte Rückfallstatistik, hg. vom Bundesministerium der Justiz, 2003.

[20] Baumann/Weber/Mitsch, Strafrecht Allgemeiner Teil. Lehrbuch, 11. Aufl. 2003, § 3 Rdnr. 65.

[21] Dazu Hilgendorf/Frank/Valerius, Die deutsche Strafrechtsentwicklung 1975 – 2000. Reformen im Besonderen Teil und neue Herausforderungen, in: Vormbaum/Welp (Hrsg.), Das Strafgesetzbuch. Sammlung der Änderungsgesetze und Neubekanntmachungen. Supplementband 1: 130 Jahre Strafgesetzgebung – Eine Bilanz, 2004, S. 258 - 380 (Abschnitt C).

Eberhard Schmidhäuser

Vom Sinn der Strafe

Für Elsbeth

Vorwort zur zweiten Auflage

Es geht in dieser Schrift um den Sinn der staatlichen Strafe. Wir wollen uns zunächst vergegenwärtigen, wie staatliches Strafen aussieht, heute und im Wandel der Zeiten. Dann sollen uns die Straftheorien zeigen, wie man schon seit langem nach Sinn und Zweck der Strafe gefragt hat und welche Antworten durch die Jahrtausende auf diese Frage gegeben worden sind. Unser eigenes, neues Besinnen setzt voraus, dass wir die überkommenen Begriffe klären. Dies wird uns helfen, eine Antwort auf die Frage nach dem Sinn der Strafe zu finden und die Folgerungen für unser Verhalten zu ziehen.

In der zweiten Auflage habe ich mannigfache Anregungen aus dem Gespräch mit Studenten, mit Richtern, Staatsanwälten und Strafvollzugsbeamten und aus dem Gespräch mit interessierten Laien ebenso berücksichtigt wie kritische Äußerungen aus der Wissenschaft. Insbesondere habe ich mich bemüht, deutlicher zu machen, dass es in erster Linie um die Institution der Strafe und nicht etwa um die Strafzumessung geht. In dem bisherigen Abschnitt über „Die Sinnlosigkeit des Strafens" habe ich nunmehr „Sinnlosigkeit und Sinnhaftigkeit des Strafens" behandelt. Ferner habe ich das Buch in den Partien, die sich auf das geltende Recht beziehen, auf den neuesten Stand gebracht; in den Strafrechtsreformgesetzen des Jahres 1969 hat sich die Gesetzgebung der Bundesrepublik Deutschland entschieden in die Richtung gewandt, die schon der ersten Auflage dieser Schrift zu eigen war: dass wir mit dem staatlichen Strafen *so zurückhaltend wie möglich* sein sollten.

INHALT

I. DAS BILD DER STRAFE

Wir erleben die Strafe als ein Handeln der staatlichen Organe gegen den Einzelnen; wir sehen sie in die staatliche Ordnung des Gemeinschaftslebens eingefügt als Rechtsfolge auf ein Verhalten, das wir als Verbrechen oder ähnlich bezeichnen und das schwerste Untat wie auch leichter Verstoß sein kann. Wir wissen, dass alle Völker und alle Zeiten diese Strafe kennen, sobald nur ein starkes Gemeinschaftsbewusstsein sich entwickelt hat – ja: wir lesen gerade am Übergang von frühen Formen der Reaktion auf Übeltaten (z. B. der Blutrache) zur Strafe das erstarkte Gemeinschaftsbewusstsein ab. Und wir sehen das Gleichbleibende an allem staatlichen Strafen, mag auch das Bild der Strafe im Laufe der Zeiten sich wandeln und von Volk zu Volk ein anderes sein: Sokrates trank den Schierlingsbecher, Jesus wurde gekreuzigt; die Römer bestraften u. a. durch Verbannung und Zwangsarbeit; das Deutschland des späten Mittelalters und der beginnenden Neuzeit kannte – wie auch andere Länder jener Zeit – eine Fülle der Leibes- und Lebensstrafen. Erst Ende des 16. Jahrhunderts entwickelten die Holländer die moderne Freiheitsstrafe, die neben der Geldstrafe das Bild unseres heutigen Strafens bestimmt. Das deutsche Strafgesetzbuch aus dem Jahre 1871 kannte als Hauptstrafen: die Todesstrafe, die Freiheitsstrafen Zuchthaus- und Gefängnisstrafe, Haft und Festungshaft, ferner die Geldstrafe. Seit 1969 kennt unser Strafgesetzbuch nur noch die einheitliche Freiheitsstrafe, die Geldstrafe und die Strafe des Fahrverbots (also des Verbots, Kraftfahrzeuge zu führen). –

Wir wollen uns zunächst an Beispielen deutlich machen, wie verschieden das Bild der Strafe in der Geschichte ist und wie weit die Spanne dessen reicht, was wir uns als Strafe vorstellen.

Das erste Beispiel gibt uns ein Bericht[1] über die Hinrichtung des „Königsmörders" Damiens in Paris vor rund 200 Jahren. Am 5. Januar 1757 stürzte sich der dreiundvierzigjährige Robert François Damiens in Versailles auf den französischen König Ludwig XV.

und versetzte ihm mit einem Messer einen Stich in die rechte Brust; am Montag, dem 28. März 1757, wurde Damiens auf dem Grève-Platz in Paris hingerichtet. Über diese Hinrichtung des „Königsmörders" (wie er in den Berichten genannt wird, obwohl er den König nicht tötete, sondern nur verletzte) sind Berichte von Justiz- und Polizeibeamten erhalten, die die Hinrichtung als Augenzeugen miterlebt haben. Aus einem dieser Berichte seien im Folgenden einige Auszüge wiedergegeben.

„Der Scharfrichter von Paris hatte aus dem Königreich eine Anzahl seiner Amtsbrüder kommen lassen, damit sie ihm bei der Hinrichtung helfen könnten. Von dieser hatte man glücklicherweise kein Vorbild seit der des Königsmörders Ravaillac auf dem Grève-Platz am 27. Mai 1610, 13 Tage nach der von ihm begangenen Ermordung Heinrichs IV."

„Die Hinrichtung wurde auf den folgenden Montag, den 28., festgesetzt. Die Nachricht verbreitete sich sogleich in der Öffentlichkeit, ein Teil des Publikums verbrachte deshalb die Nacht vom Sonntag auf Montag an die Barriere des Richtplatzes gelehnt."

„Seit Sonntag, dem 27., dem Tage vor der Hinrichtung, hatte man in Paris verbreitet, dass man ihn, nach der ordentlichen und außerordentlichen Befragung auf der Folter mit spanischen Stiefeln, am nächsten Tage um 5 Uhr morgens, aus der Conciergerie um 9 Uhr herausführen würde, um öffentliche Abbitte zu leisten und dann auf den Grève-Platz geführt zu werden. Diese Nachricht wurde für so bestimmt gehalten, dass viele Leute, aus Furcht, am nächsten Tage nicht mehr hereinzukommen, die Nacht in den Zimmern zugebracht hatten, die sie sich gemietet hatten. Nebenbei: der Schuster meiner Frau hatte sein Zimmer, das drei Fenster hatte, für 300 Livres vermietet mit der Befugnis, noch hinten auf Tischen 12−15 Personen unterbringen zu dürfen."

Über die Hinrichtung selbst wird dann berichtet:

„Die beiden Beichtiger knieten jetzt nieder, um ihn auf den Tod vorzubereiten. Er schien ihnen zuzuhören und sie nicht zurückzuweisen. Unterdessen wickelten ihm die Henker die Beine aus, die, wie man sagt, mit Leinen umwickelt waren wegen der Folterung mit den glühenden Zangen, der man ihn reichlich unterworfen hatte. Man zog ihm seine rote Hose aus, öffnete ihm das Hemd, so dass er fast nackt war. Dann nahm man ihn von der Erde auf und legte ihn auf das Schafott oder den Tisch, auf dem er hingerichtet werden sollte, mit dem Gesicht zum Hotel de Ville...

Man legte ihm dann einen Reifen oder ein Eisenband über den Magen unterhalb der Arme. Dieser Reifen sah aus etwa wie ein Tor beim Billardspiel. Seine Enden gingen von unten in den Tisch hinein und waren dort mit starken Schrauben befestigt. Auf der Mitte dieses Reifens war eine Schraube angebracht, an der zwei andere Reifen oder Eisenbänder festgeschraubt waren, die über die Schultern gingen und den Bösewicht so festhielten, dass er nur den Kopf bewegen konnte. Ein zweiter großer, dem ersten entsprechender Reifen hielt den Bauch fest. An diesen Reifen schloss sich wie beim anderen ein Eisenband an, das zwischen den beiden Schenkeln hindurchging und unter dem Tisch mit starken Schrauben festgemacht war, derart, dass der Körper sich weder hin- noch herbewegen konnte, wenn die Pferde anzogen. Endlich band man ihm die Arme und Beine auf den Tisch in Form des Andreaskreuzes fest; die Schnüre waren durch Löcher im Tisch gezogen.

Der Henker begann die Hinrichtung dieses Königsmörders damit, dass er ihm die rechte Hand, anscheinend mit einer Zange, über ein Schwefelfeuer hielt, wobei sie derart verbrannt wurde, dass die Fleischteile herunterfielen. Obwohl ich mit meinem Fernglas genau das Feuer sehen konnte, konnte ich nicht das Messer unterscheiden, das man an seiner Hand befestigt haben soll. Aber man hörte sehr wohl die furchtbaren Schreie, die er ausstieß, und ich sah an den heftigen Bewegungen des Kopfes, bis zu welchem Grade seine Schmerzen gehen mussten. Das war jedoch nur das Vorspiel von dem, was er zu erdulden hatte.

Nachdem man ihm die Hand wieder auf dem Tisch befestigt hatte, begann einer der Henker, ihm die rechte Brustwarze mit einer Zange, die einer Schlosserzange glich, auszureißen, und nachdem er ein beträchtliches Stück Fleisch herausgerissen hatte, goss ein anderer mit einem großen Eisenlöffel geschmolzenes Blei, gemischt mit Öl, Schwefel, Wachs und kochendem Pechharz hinein. Diese grausame Operation wurde auf der linken Seite der Brust, an den Armen, den Oberschenkeln und Beinen wiederholt und dabei stieß das Scheusal den Schmerzen entsprechende Schreie aus … Der Unglückliche stieß furchtbare Schreie zum Himmel, warf den Kopf mit äußerster Heftigkeit hin und her, und ich sah Schrecken erregende konvulsivische Zuckungen seiner Fußspitzen (wie auch seines ganzen Körpers), obwohl die Beine fest auf dem Tisch angebunden waren. Aber nirgendwo Mitleid, niemand sah man sein Schicksal beklagen.

Nachdem diese Marterung beendet war, näherten sich die beiden Beichtiger, die Damiens in seinen Leiden nicht verlassen hatten, um ihn zu trösten, und reichten ihm mehrfach das Kruzifix zum Kusse.

Indessen band man ihm die Füße und Arme vom Tische los, und die Henker banden und umschnürten sie mit Stricken, die sie an den Ortscheiten der vier Pferde, die ihn auseinander reißen sollten, befestigten. Man hatte sechs junge und starke Pferde zur Stelle, von denen man sagt, dass sie die Domänenverwaltung 4800 Livres gekostet haben. Sie waren mit einem neuen Kummet angeschirrt, wie gewöhnlich Karrenpferde es tragen. Und man hatte sechs Pferde besorgt, damit die beiden überzähligen helfen könnten, falls eines versagen sollte. Man hatte offenbar gelesen, dass, als der treulose Ravaillac der gleichen Hinrichtungsart unterzogen wurde, man gezwungen war, das Pferd eines Bürgers zu leihen, das dieser zur Verfügung gestellt hatte, um eines der Pferde zu ersetzen, das nicht ordentlich zog."

„Der Bösewicht Damiens musste mehr als 60maliges Anziehen erdulden, das er, die Schreie verdoppelnd und mit dem Kopf um sich schlagend, aushielt. Schließlich hatte man ihn, ohne zu übertreiben, fast eine Stunde auseinander gezogen, ohne ihn vierteilen zu können, bis auf den Rat der drei erwähnten Ärzte der Henker von Paris sich an den Gehilfen des Greffier wandte und an die zwei Gerichtsdiener, die auf dem Richtplatz standen, um sie zu ersuchen … die Erlaubnis zu erbitten, dass das Fleisch der Schen-

kel und der Arme zerschnitten werden dürfe, ohne welche Maß-
nahme die sechs Pferde ihn nie würden auseinander reißen können. Man sah, wie ihm diese Erlaubnis überbracht wurde."

„Die ganze Hinrichtung von Damiens, beginnend mit dem Bren-
nen der rechten Hand, hat länger als 1 1/2 Stunden gedauert ... Man
weiß nicht, ob dieser Elende in Reue über seine Verbrechen ge-
storben ist. Es scheint kaum so, denn er hat seine Mittäter nicht
angegeben, obwohl er sicherlich welche gehabt hat. Immerhin soll
er Gott und die Jungfrau während seiner heftigsten Schmerzen an-
gerufen haben."

Dies war das erste unserer Beispiele; es liegt gerade erst zweihundert Jahre zurück: Goethe war damals sieben Jahre alt und hatte
seinen Großeltern schon sein frühestes uns erhaltenes Gedicht zu
Neujahr überreicht.

Das nächste Beispiel entnehmen wir der Gegenwart. Es findet sich
in den Personalakten einer deutschen Strafanstalt aus der Zeit zwischen 1945 und 1962; Namen, Orts- und Zeitangaben mussten ab-
geändert werden, wo sie nicht ganz unterbleiben konnten.

Strafanstalt X-stadt

Personalakten des Zuchthausgefangenen Täter, Fritz

Blatt 1 der Akten
enthält das Aufnahmeersuchen der Vollstreckungsbehörde an die
Strafanstalt.
„Vollstreckt werden soll: lebenslanges Zuchthaus.
Beginn der Strafzeit: 26. 11. 1950, 0.00 Uhr."

Blatt 2 ff. der Akten
enthalten das Strafurteil des Schwurgerichts vom 18. 11. 1950.
Aus ihm ist zu entnehmen, dass der 1930 geborene Täter am 30. 7.
1950 seine Freundin, die von ihm ein Kind erwartete und auf eine

Heirat drängte, erwürgte, nachdem er sie in ein verlassenes Ruinengelände einer Großstadt gelockt hatte. Er ist deshalb wegen Mordes für schuldig befunden und zu lebenslangem Zuchthaus und lebenslangem Verlust der bürgerlichen Ehrenrechte verurteilt worden.

Die nächsten Blätter enthalten einen Vermerk „über die Erörterung von Tat und Vorleben und über den dabei gewonnenen Eindruck", einen handgeschriebenen Lebenslauf des Strafgefangenen, einen ausgefüllten Fragebogen über die Personalien, Erziehung, Schulausbildung und dergleichen; einen Bericht über die Aufnahmeuntersuchung durch den Anstaltsarzt; eine „Übersicht über Arbeitszuweisung, Sondergewährungen, Hausstrafen, besondere Sicherungsmaßnahmen und Besuche".

Blatt 20 der Akten ist ein vom Arbeitsinspektor der Anstalt ausgefülltes Formular über die Verlegung des Strafgefangenen Täter vom Tütenkleben in die Druckerei ab November 1951.

Blatt 23 der Akten:
„Ich, Täter, Fritz, bitte um Rücksprache mit Herrn Oberlehrer. Betreff: Besprechung meines Unterrichtsplans. X-Stadt, den 14.6.1952."
Vermerk des Oberlehrers: „Besprechung ist erfolgt und wird am Samstag fortgesetzt."

Blatt 24 der Akten enthält die Bitte um Rücksprache mit „Herrn Oberregierungsrat in Privatangelegenheiten". Hier findet sich ein Vermerk des Anstaltsvorstandes: „Täter bittet um Mithilfe bei der Aufstellung eines Berufsplanes. Es soll über das rein Fachliche erst mit dem Werkmeister gesprochen werden. Über das Nebenberufliche und die reine Freizeitgestaltung soll er sich einen Stundenplanentwurf anfertigen, den ich dann Ende der Woche mit ihm durchsprechen will."

Blatt 25 der Akten:

Täter bittet um die Erlaubnis „zum Ankauf von 3 Bleistiften, einem Notizblock, einer Schreibkladde und einem Glas Tusche".
Vermerk des Anstaltsbeamten: „Einkauf genehmigt".

Danach finden sich *eine Reihe von Blättern* mit Bitten um Besuchserlaubnis, „Erlaubnis eines Sonderbriefes", dann ein Beurteilungsbogen, auf dem sich Stellungnahmen des Aufsichtsbeamten, des Werksbeamten und des Hauptwachtmeisters finden („Zuverlässigkeit: von seiner Zellenarbeit zu urteilen, ja. Ausdauer: gleich bleibend. Fleiß: fleißig und gewissenhaft. Auftreten: höflich und bescheiden. Sonstige Bemerkungen: T. ist ein ruhiger Mensch. Er versucht, seine Strafzeit nutzbringend auszufüllen. Er neigt oft zu Niedergeschlagenheit und grübelt viel. Belehrende Worte nimmt er an. Bei seinen Mitgefangenen meidet er auffallend die schlechte Umgebung").

Blatt 35 der Akten:

„Ich, Täter, Fritz . . . bitte um Erlaubnis um Lichtverlängerung bis 21 Uhr, da ich beruflich sehr viel zu arbeiten und zu lernen habe. X-stadt den 10.11.1952."
Die Anstaltsleitung vermerkt, dass die Lichtverlängerung bewilligt worden ist.

Blatt 37 der Akten enthält einen ausgefüllten Vordruck:
„Die von mir gelesenen Zeitungen stelle ich der Anstalt als für mich wertlos zur Verfügung. Täter."

Blatt 45 der Akten enthält die Bitte um Aushändigung „aus meinen Effekten: 2 Taschentücher, 1 Sporthemd, 1 Pullover".

Blatt 48 der Akten enthält die Bitte um Rücksprache „mit Herrn Oberlehrer". Vermerk des Oberlehrers: „Möchte, da er jetzt als Drucker arbeitet, auch theoretisch arbeiten. Soll sich von Herrn

Werkmeister M. beraten lassen. Hilfsmittel werden ihm von mir in Aussicht gestellt."

Das Aktenstück weist eine Fülle derartiger Erlaubnisbitten auf, so: in der Buchbinderei ein Buch einbinden zu dürfen, ein Paar Turnschuhe kaufen zu dürfen vom eigenen Arbeitsverdienst, Sonderbriefe schreiben zu dürfen.

In Blatt 72 der Akten findet sich die Abschrift einer Entscheidung des Ministerpräsidenten aus dem Jahre 1956: „In der Strafsache des ... Täter,... wird eine Umwandlung der lebenslänglichen Zuchthausstrafe in eine zeitige Zuchthausstrafe vorerst abgelehnt."

Blatt 127 der Akten enthält die Bitte des Täter um die Erlaubnis, in einen Lesering eintreten zu dürfen. Es findet sich der Vermerk der Anstaltsleitung: „Rücksprache mit T. nach einer vorherigen Besprechung mit Oberlehrer M.: ich halte es nicht für richtig, dass T. sein Geld für Bücher ausgibt, die er wahrscheinlich nur einmal liest und dann hinstellt, die er außerdem auch ähnlich aus der Anstaltsbibliothek empfangen kann. Ich schlage ihm deshalb vor, sich nur Bücher zu kaufen, die zu seiner Weiterbildung dienen. Er sieht dies auch ein. Im Verlaufe des Gesprächs legen wir fest, dass er jetzt gleich einmal mit Übungen in Kunstschrift beginnen soll, damit er die Anwesenheit des Strafgefangenen X als „Lehrer" noch ausnützen kann. Später soll er sich dann wieder vormelden, damit ein richtiger Plan für seine allgemeine Weiterbildung besprochen werden kann. X-stadt, den 12. Oktober 1958."

Blatt 163 der Akten enthält den Durchschlag eines Schreibens der Anstaltsleitung aus dem Jahre 1959 „Mit Gnadenheft an den Herrn Oberstaatsanwalt Y-stadt". Nach einer kurzen Angabe des Strafurteiles und der Tat des T. heißt es:

„Täter stammt aus einer gut beleumundeten Familie und ist der zweite Sohn der Eheleute ... Er ist im Elternhaus aufgewachsen und besuchte die Volks- und Mittelschule. Nach seiner Schulentlassung erlernte er den Beruf eines kaufmännischen Angestellten. Bis zu seiner Verhaftung war er als Angestellter tätig. Er ist weder abnorm veranlagt, noch war er bis zu seiner Tat stärkeren negativen Einflüssen ausgesetzt als seine damaligen Altersgenossen. Nach seiner Führung im Hause, in der Schule und im Beruf hätte ihm seinerzeit niemand aus seinem Bekanntenkreis die Tat zugetraut.

In der hiesigen Strafanstalt befindet sich Täter seit dem 12.1.1951. Er hat sich während dieser Zeit als ein normal begabter, bescheidener, höflicher, ansprechbarer und kontaktfähiger Mensch erwiesen, dem man die ordentliche Kinderstube anmerkt. Sein Aktenbild ist durchgehend positiv. Er ist stets bereit, sich führen zu lassen, und beteiligt sich nicht nur willig und aufgeschlossen an den pädagogischen Maßnahmen des Vollzuges, sondern ist eifrig und mit gutem Erfolg bestrebt, die Haftzeit in jeder Hinsicht für seine charakterliche, intellektuelle und berufliche Förderung auszuwerten.

Im Umgang mit seinen Mitgefangenen ist er zurückhaltend, schwächeren Gefangenen tritt er hilfreich zur Seite, gegen die Beamten verhält er sich korrekt. Er ist ständig hilfsbereit und setzt sich ebenso für die gute Durchführung seiner eigenen Aufgaben ein, wie er bereit ist, zusätzliche Arbeiten im Interesse seiner Mitgefangenen zu übernehmen.

Seine Werkmeister stellen ihm das beste Zeugnis aus. In seiner Arbeit als Drucker hat er sich hier eine beachtliche Fertigkeit angeeignet und gilt als zuverlässigster, besonnenster und am meisten interessierter Gefangener in dieser Werkstatt.

Seine Führung, Haltung und Arbeitsleistung sind gleichbleibend einwandfrei und in jeder Hinsicht vorbildlich. Zusammenfassend möchte ich sagen, dass die saubere Atmosphäre in der Gruppe der jungen Zuchthausgefangenen zum großen Teil auf seine Initiative zurückzuführen ist.

Da Täter über eine ausreichende geistige Substanz verfügt, er also von der Seite der geistigen Verarbeitung her durchaus die Möglichkeit einer Weiterentwicklung hat, möchte ich bei ihm von einem Neuanfang sprechen. In seinem heutigen Entwicklungsstand hat er überhaupt keinen Zugang mehr zu seiner eigenen Tat. Er empfindet sie als ein unbegreifliches, grauenvolles Geschehnis, mit dem er nicht fertig zu werden weiß und das ihn mit der Zeit nicht weniger, sondern eher stärker belastet.

Täter ist kein krimineller Typ. Seine Tat ist nicht aus seinem Wesen heraus zu erklären, sondern steht unvereinbar neben seinen sonstigen Charakterzügen. Vermutlich stellt sie eine ausgesprochene Kurzschlusshandlung dar. Nach aller Voraussicht wird Täter nicht wieder mit dem Gesetz in Konflikt kommen, jedenfalls nicht zu einer solchen schweren Tat mehr fähig sein.

Ich möchte ihm glauben, dass er nur noch den Wunsch hat, an seinen inzwischen alt gewordenen Eltern gutzumachen, was er ihnen angetan hat. Er lebt in der ständigen Furcht, dass es dazu für ihn eines Tages zu spät sein könnte.

Da Täter auf Grund seiner vorbildlichen Haltung und Führung wirklich gnadenwürdig ist und da er voraussichtlich milder bestraft worden wäre, wenn zur Zeit seiner Aburteilung bereits die §§ 105, 106 Jugendgerichtsgesetz gegolten hätten, möchte ich einen Gnadenerweis auf das wärmste befürworten."

Blatt 173 der Akten enthält ein Schreiben des Oberstaatsanwaltes Y-Stadt an den Strafgefangenen Täter: „Auf das Gnadengesuch Ihrer Eltern vom 6. Juni 1959 hat der Herr Ministerpräsident durch Erlass vom 20. Juli 1959 die gegen Sie vom Schwurgericht bei dem Landgericht in X-stadt durch Urteil vom 18. 11. 1950 rechtskräftig erkannte lebenslange Zuchthausstrafe im Gnadenwege in eine zeitige Zuchthausstrafe von 10 Jahren umgewandelt und gleichzeitig auch den gegen Sie erkannten lebenslangen Verlust der bürgerlichen Ehrenrechte auf 10 Jahre ermäßigt. Diese Entschließung des Herrn Ministerpräsidenten wird Ihnen hiermit auftragsgemäß bekannt gegeben".

Das nächste Blatt enthält eine Aktennotiz des Oberlehrers der Strafanstalt:

„Ich habe am 14. 8.1959 mit Herrn Direktor Z. von den Graphischen Werkstätten, Leiter des Lehrlingsausschusses für graphisches Gewerbe, in F-stadt betreffs der Unterbringung des Strafgefangenen Fritz Täter nach seiner Entlassung telefonisch gesprochen. Direktor Z. hält eine nochmalige zweijährige Lehrzeit Täters nach seiner Entlassung für unabdingbar.

Herr Z. bat mich, im kommenden Jahr vor der Entlassung Täters auf das Gespräch mit ihm zurückzukommen und um Täters Übernahme in die Graphischen Werkstätten zu bitten".

Eins der letzten Blätter des Aktenstücks enthält die Entlassungsverhandlungen und die Entlassungsanweisung. Daraus geht hervor, dass Fritz Täter aus Anlass der Entlassung eine Fahrkarte, einen Entlassungsschein und an Geldern Arbeitsentlohnung in Höhe von 163,17 DM erhalten hat.

Der Vermerk über die Rücksprache mit Fritz Täter enthält die Sätze:

„T. hat sich vorbildlich geführt und zuverlässig und gewissenhaft gearbeitet. Er ist in die Graphischen Werkstätten in F-stadt als graphischer Hilfsarbeiter vermittelt worden."

Täter ist am 25.11. 1960 aus der Strafanstalt X-stadt entlassen worden.

Ein drittes Beispiel weist – wenn wir es so sehen wollen – in die Zukunft; es findet sich in *Stefan Andres' Novelle „Wir sind Utopia"*. In einem Rostfleck an der Decke einer Klosterzelle sieht der frühere Mönch und jetzige Kriegsgefangene Paco die Landkarte seines Traumreiches, der Insel Utopia, auf die er sich schlichte Inselmenschen und selige Zustände träumt.

„Mord, Raub und Betrug gab es nicht, von Zeit zu Zeit hatte das Gericht es mit einem kleinen Dieb zu tun, mit einem Verleumder, der aus Langeweile seine Zunge nicht im Zaume hielt, oder mit einem Ehebrecher. Die Bestraften sonderte man nicht örtlich von den anderen ab, sie mussten vielmehr eine besondere Kleidung tragen, bei den Gemeindeversammlungen abseits sitzen und schweigen, bis für sie beim Richter Fürsprache eingelegt wurde. Dann zog man ihnen in der Öffentlichkeit wieder feierlich die

Bürgerkleidung an, und der Stadthauptmann küsste sie im Namen des Volkes, und es schloss sich ein Freudenfest an."

II. DIE FRAGE NACH DEM SINN DER STRAFE

Tag für Tag hören wir davon oder erleben es gar mit, dass Menschen durch Gerichte bestraft werden: so wegen Mords oder Totschlags, wegen Diebstahls, Beleidigung oder eines Verstoßes gegen eine Straßenverkehrsvorschrift und wegen mancher anderen Delikte mehr. Wir nehmen es meist schon aus Tradition als selbstverständlich, dass Strafen verhängt und vollstreckt werden. Seit langem schon kennen unsere Vorfahren die staatliche Strafe; dass auch wir strafen, haben wir von ihnen übernommen.

Und doch ist dieses Strafen stets eben *unser* Tun, und wir haben es zu verantworten. Wir handeln als staatliche Organe, tragen zur Bestrafung bei als Zeugen oder Sachverständige, stimmen der Bestrafung ausdrücklich zu oder lassen sie eben geschehen als Glieder dieser staatlichen Gemeinschaft. So zweifeln wir denn auch gelegentlich am Sinn unseres Strafens. Der Richter klagt: er müsse die Angeklagten in die Strafanstalt schicken und wisse, dass sie nur schlechter, als er sie jetzt hineinschicke, wieder herauskommen werden. Ein Bürger, der den Bau eines Gefängnisses miterlebt, lässt seinen Unmut erkennen: es fehle überall an Altersheimen, man vernachlässige den Bau neuer Straßen im Lande, aber für Sträflinge errichte man Gefängnisse, deren Zellen mit allem modernen Komfort ausgestattet seien. Die Bevölkerung jammert über schwere Verbrechen und klagt Parlament, Gerichte und Behörden an, dass sie nicht alles tun, was zum Schutz der Allgemeinheit vor den Untaten getan werden könne. Sollen wir denn die Menschheit besser machen mit unserem Strafen? Machen wir sie gar schlechter? Bringen wir nur zusätzliches Übel in die Welt – ohne allen Sinn?

Vergleichen wir damit nur etwa, dass mancher von Zivilgerichten verurteilt wird, einen Schaden zu ersetzen. Niemand findet daran im allgemeinen ernstlich Fragwürdiges: Fügt jemand einem anderen schuldhaft einen Schaden zu, indem er einen Vertrag nicht erfüllt oder Güter des anderen beschädigt, so erleben wir es offenbar als durchaus sinnvoll, dass der Schädiger den Schaden ausgleicht, soweit dies möglich ist. Rechtsgrund und Rechtsfolge lassen sich aufs Ganze rational erfassen und sogleich in ein Bild vernünftigen Weltlaufs einordnen.

Die Strafe dagegen hat etwas Rätselhaftes. Einen Schaden setzt sie nicht voraus: verfehlt die Kugel ihr Opfer, so bestrafen wir doch wegen des versuchten Totschlags; erhält der Bestohlene sein Eigentum rasch und unversehrt zurück, so bestrafen wir gleichwohl den Dieb; bei Meineid, Urkundenfälschung oder Amtsanmaßung und vielen anderen Delikten ist oft gar kein Schaden erkennbar. Ist durch die Untat Schaden eingetreten, so wird er durch die Strafe nicht ersetzt; und hat der Schädiger etwa den Schaden ersetzt, so strafen wir gleichwohl. Auch macht die Strafe die Untat, auf die sie sich bezieht, nicht ungeschehen; so scheint sie manchem nur neues Übel zum alten hinzuzufügen. Es kann keine Rede davon sein, dass wir sie in gleicher Weise wie die dem einzelnen auferlegte Last, einen Schaden zu ersetzen, als unmittelbar sinnvoll erleben.

Doch wie sollten wir strafen dürfen, wenn wir keinen Sinn unseres Tuns sähen? Es verwundert nicht, dass man sich seit je und überall, wo naives Sinnerleben philosophischem Besinnen gewichen war, Gedanken gemacht hat über den Sinn des Strafens[2]. In den sog. Straftheorien führen wir uns im Folgenden diese Gedanken vor Augen.

III. DIE STRAFTHEORIEN

Seit den griechischen Philosophen währt das Gespräch über den Sinn der Strafe. Und sosehr sich das Bild der Strafe in den Zeiten gewandelt hat, so sind doch die Antworten, die in diesem Gespräch gegeben worden sind, alle heute noch lebendig: nicht nur in der wissenschaftlichen Lehre und in der philosophischen Diskussion, sondern der Sache nach auch in den Urteilen der Gerichte und überall sonst, wo es um das staatliche Strafen geht: von den Dienstanweisungen für die Beamten des Strafvollzuges bis zu den Leserzuschriften, die in der Tagespresse etwa zur Frage der Todesstrafe veröffentlicht werden.

Man hat die Stimmen, die in diesem Gespräch durch die Jahrtausende laut geworden sind, nach wesentlichen Merkmalen geordnet und als Theorien benannt, und man hält sie so verfügbar für Lehre und wissenschaftliche Diskussion. Es kennzeichnet die philosophische Natur unserer Frage, dass sie gleichwohl immer neue Versuche herausfordert, aber auch, dass sich die Antworten oft unüberbrückbar gegensätzlich wie eh und je gegenüberstehen.

Man unterscheidet herkömmlich *absolute* und *relative Straftheorien* und kennt daneben noch gemischte oder *Vereinigungstheorien,* die die Gesichtspunkte der beiden anderen Theorien zusammenfassen oder auf verschiedene Seiten der Strafe verteilen. Die „absoluten" Theorien sehen die Strafe ganz losgelöst vom Erfolg, den sie haben soll oder kann (poena absoluta est ab effectu), die „relativen" beziehen die Strafe auf den Erfolg, den man mit ihr erstrebt (poena est relativa ad effectum). Will man den Unterschied der Ansichten verdeutlichen, so pflegt man einen Satz aus Senecas Schrift „de ira" anzuführen[3]: „Nam, ut Plato ait, nemo prudens punit, quia peccatum est, sed ne peccetur. Revocari enim praeterita non possunt, futura prohibentur" (Denn, wie schon Plato sagt, straft kein Vernünftiger, weil gefehlt worden ist, sondern damit nicht gefehlt werde. Was geschehen ist, kann nämlich nicht ungeschehen gemacht werden, was noch bevorsteht, kann abgewendet werden). „Quia peccatum est" (weil gefehlt worden ist): so sehen die absoluten Theorien die Strafe; für sie blickt die Strafe nur zurück auf das, was geschehen ist; Grund und Maß der Strafe werden durch die Missetat bestimmt, auf die sie sich bezieht. „Ne peccetur" (damit nicht Übeltaten begangen werden): so sehen die relativen Theorien die Strafe; für sie ist die Strafe ein in die Zukunft gerichtetes, zweckhaftes menschliches Handeln, das künftige Übeltaten verhüten soll (weshalb man diese Theorien auch als „präventive" bezeichnet).

Dies also sind, in knappen Strichen gezeichnet, die sog. Straftheorien. Aus der nahezu unübersehbaren Fülle historischer und gegenwärtiger Spielarten seien im Folgenden einige besonders auffallende und für ihre Art typische herausgegriffen; in ihnen gewinnen wir eine anschauliche Grundlage für weiteres Überlegen.

1. Absolute Straftheorien

In der neueren deutschen Strafrechtslehre fand man bis vor kurzem vorwiegend absolute Auffassungen von der Strafe. So lesen wir, heute sei „die Idee herrschend, dass die Strafe in erster Linie gerechte Sühne für die Schuld des Täters sein soll"[4]; und über den in der langen Geschichte der deutschen Strafrechtsreform vorletzten Entwurf eines Strafgesetzbuchs, den Entwurf aus dem Jahre 1960 wurde zustimmend gesagt, er halte „mit neuer Entschiedenheit am Gedanken sühnender Vergeltung und damit an einem echten Schuldstrafrecht" fest[5]. Geistesgeschichtlich wird die Tatsache, „dass die Vergeltungsidee in der deutschen Strafrechtslehre vom überwiegenden Teil der Autoren als die sicherste Begründung und Rechtfertigung der Strafe, als die einzig ethisch unanfechtbare, angesehen wird", wohl mit Recht auf Kant und Hegel zurückgeführt[6]; beide haben mit dem hohen Ethos und der Prägnanz ihrer Gedanken das Bemühen um die Frage nach dem Sinn der Strafe weitgehend beeinflusst.

Kant sieht die Strafe ganz frei von Zwecken, die mit ihr verfolgt werden könnten, nur in dem Gebot der Gerechtigkeit begründet;

nur so auch scheint ihm der Bestrafte in seiner Würde als Persönlichkeit geachtet.

„Richterliche Strafe... kann niemals bloß als Mittel, ein anderes Gute zu befördern, für den Verbrecher selbst, oder für die bürgerliche Gesellschaft, sondern muß jederzeit nur darum wider ihn verhängt werden, weil er verbrochen hat; denn der Mensch kann nie bloß als Mittel zu den Absichten eines anderen gehandhabt und unter die Gegenstände des Sachenrechts gemengt werden, wowider ihn seine angeborne Persönlichkeit schützt ... Er muß vorher strafbar befunden sein, ehe noch daran gedacht wird, aus dieser Strafe einigen Nutzen für ihn selbst oder seine Mitbürger zu ziehen. Das Strafgesetz ist ein kategorischer Imperativ, und, wehe dem! welcher die Schlangenwindungen der Glückseligkeitslehre durchkriecht, um etwas aufzufinden, was durch den Vorteil, den es verspricht, ihn von der Strafe, oder auch nur einem Grade derselben entbinde, nach dem pharisäischen Wahlspruch: ‚es ist besser, daß ein Mensch sterbe, als daß das ganze Volk verderbe; denn, wenn die Gerechtigkeit untergeht, so hat es keinen Wert mehr, daß Menschen auf Erden leben." [7]

Es lässt sich verstehen, dass diese Sätze, die das ursprüngliche Gerechtigkeitsverlangen der Menschheit spiegeln, schon immer als zeitlos gültig erlebt wurden. Anders erging es Kants Versuch, diese Gerechtigkeit nun auch für den einzelnen Fall der Größe nach überzeitlich festzulegen und allen störenden Rücksichten und Zufälligkeiten zu entziehen. Er glaubte, diese Gerechtigkeit der einzelnen Strafe nur in der Talion gesichert zu sehen, dass also „Gleiches mit Gleichem" vergolten werde:

„Welche Art aber und welcher Grad der Bestrafung ist es, welche die öffentliche Gerechtigkeit sich zum Prinzip und Richtmaße macht? Kein anderes, als das Prinzip der Gleichheit (im Stande des Züngleins an der Waage der Gerechtigkeit), sich nicht mehr auf die eine, als auf die andere Seite hinzuneigen. Also: was für unverschuldetes Übel du einem anderen im Volk zufügst, das tust du dir selbst an. Beschimpfst du ihn, so beschimpfst du dich selbst; bestiehlst du ihn, so bestiehlst du dich selbst; schlägst du ihn, so schlägst du dich selbst; tötest du ihn, so tötest du dich selbst. Nur das Wiedervergeltungsrecht (ius talionis), aber, wohl zu verstehen, vor den Schranken des Gerichts (nicht in deinem Privaturteil), kann die Qualität und Quantität der Strafe bestimmt angeben; alle andere sind hin und her schwankend, und können, anderer sich einmischenden Rücksichten wegen, keine Angemessenheit mit dem Spruch der reinen und strengen Gerechtigkeit enthalten." [8]

Wie uneingeschränkt kategorisch nach seiner Ansicht staatliche Strafe geboten ist, das führt Kant schließlich aufs anschaulichste in jenem berühmten Bild vom Ende eines Gemeinwesens vor Augen:

„Selbst, wenn sich die bürgerliche Gesellschaft mit aller Glieder Einstimmung auflösete (z. B. das eine Insel bewohnende Volk beschlösse, auseinander zu gehen, und sich in alle Welt zu zerstreuen), müßte der letzte im Gefängnis befindliche Mörder vorher hingerichtet werden, damit jedermann das widerfahre, was seine Taten wert sind, und die Blutschuld nicht auf dem Volk hafte, das auf diese Bestrafung nicht gedrungen hat; weil es als Teilnehmer an dieser öffentlichen Verletzung der Gerechtigkeit betrachtet werden kann." [9]

Nach Kant hat *Hegel* die absolute Auffassung der Strafe entscheidend mitbestimmt – vor allem für die deutsche Strafrechtslehre der zweiten Hälfte des 19. Jahrhunderts. Er begnügt sich nicht wie Kant damit, die Strafe als Gebot der Gerechtigkeit darzustellen; Hegel bezieht sie vielmehr in den dialektischen Prozess ein, den er überall zu finden sucht und der sich jeweils als Satz, Gegensatz und Aufhebung des Gegensatzes (als Position, Negation und Negation der Negation) zeigt. Auf diesem Wege geht Hegel – mag er es auch an den hier maßgeblichen Stellen nicht gerade systematisch hervorheben – von der Rechtsordnung, dem allgemeinen

Willen, als Position aus und sieht sodann im Verbrechen die Negation und schließlich in der Strafe die „Negation der Negation" [10]. Die Strafe ist ideelle Wiederherstellung des verletzten Rechts und als solche notwendig. In diesem Zusammenhang also sind Sätze zu verstehen wie die folgenden:

„Die geschehene Verletzung des Rechts als Rechts ist zwar eine *positive,* äußerliche *Existenz,* die aber *in sich* nichtig ist."

„Die Verletzung aber, welche dem *an sich* seienden Willen (und zwar hiermit ebenso diesem Willen des Verletzers, als des Verletzten und aller) widerfahren, hat an diesem *an sich* seienden Willen als solchem keine *positive Existenz,* so wenig als an dem bloßen Produkte. *Für sich* ist dieser an sich seiende Wille (das Recht, Gesetz an sich) vielmehr das nicht äußerlich Existierende und insofern das Unverletzbare. Ebenso ist die Verletzung für den besonderen Willen des Verletzten und der übrigen nur etwas Negatives. Die *positive Existenz der Verletzung* ist nur als der *besondere Wille des Verbrechers.* Die Verletzung dieses als eines daseienden Willens also ist das Aufheben des Verbrechens, *das sonst gelten würde,* und ist die Wiederherstellung des Rechts."

„Wenn das Verbrechen und dessen Aufhebung, als welche sich weiterhin als Strafe bestimmt, nur als ein Übel überhaupt betrachtet wird, so kann man es freilich als unvernünftig ansehen, ein Übel bloß deswegen zu wollen, *weil schon ein anderes Übel vorhanden ist."*

„Es ist aber weder bloß um ein Übel, noch um dies oder jenes Gute zu tun, sondern es handelt sich bestimmt um *Unrecht* und um *Gerechtigkeit."* [11]

Aus dieser Sicht der Strafe entwickelt nun Hegel in faszinierender Weise zugleich die Anerkennung des Verbrechers als eines Gliedes der Rechtsgemeinschaft: in der Strafe wird diese Gemeinschaft, wird die Übereinstimmung des besonderen Willens mit dem Allgemeinwillen wiederhergestellt [12].

„Die Verletzung, die dem Verbrecher widerfährt, ist nicht nur *an sich* gerecht, – als gerecht ist sie zugleich ... *sein* Recht".

„Daß die Strafe darin als *sein* eigenes Recht enthaltend angesehen wird, darin wird der Verbrecher als Vernünftiges *geehrt.*" [13]

Worin nun die gerechte Strafe gefunden werden könne, das hat Hegel nicht wie Kant überzeitlich – gar im Sinne der Talion – bestimmen zu können geglaubt; vielmehr hat er auf die Wertgleichheit abgestellt.

„Das Aufheben des Verbrechens ist insofern *Wiedervergeltung,* als sie dem Begriffe nach Verletzung der Verletzung ist und dem Dasein nach das Verbrechen einen bestimmten, qualitativen und quantitativen Umfang, hiermit auch dessen Negation als Dasein einen ebensolchen hat. Diese auf dem Begriffe beruhende Identität ist aber nicht die *Gleichheit* in der spezifischen, sondern in der *an sich* seienden Beschaffenheit der Verletzung, – nach dem *Werte* derselben." [14]

Hegel hat diese Wertgleichheit auf den jeweiligen Zustand der Gesellschaft bezogen:

„Diese Qualität nun oder Größe ist aber nach dem *Zustande* der bürgerlichen Gesellschaft veränderlich, und in ihm liegt die Berechtigung, sowohl einen Diebstahl von etlichen Sous oder einer Rübe mit dem Tode, als einen Diebstahl, der das hundert- und mehrfache von dergleichen Werten beträgt, mit einer gelinden Strafe zu belegen."

„Ein Strafkodex gehört darum vornehmlich seiner Zeit und dem Zustand der bürgerlichen Gesellschaft in ihr an." [15]

So bedeutsam auch gerade Kant und Hegel für die deutsche Strafrechtslehre geworden sind: sie sind es nicht allein, auf die man sich heute für ein absolutes Verständnis der Strafe beruft. Schon der frühe *Plato* – später dachte er anders – hat im „Gorgias" die

Strafe absolut gesehen: sie reinige die durch das Verbrechen befleckte Seele des Übeltäters, und nur um deswillen sei Strafen gut und also geboten. Hierzu lässt Plato den Sokrates sagen:

„Nach meiner Ansicht ... ist der Übeltäter und Ungerechte in jedem Falle unglücklich, unglücklicher jedoch, wenn er dem Rechte nicht genügt und der Strafe nicht verfällt für sein Vergehen, weniger unglücklich aber, wenn er dem Rechte genügt und der Strafe verfällt vor Göttern und Menschen."

„Unrecht tun und straflos bleiben ist das allergrößte und erste der Übel."

„Wenn man aber gar selbst Unrecht tut oder ein anderer, den man von Herzen liebt, so muß man selbst freiwillig dahin gehen, wo er so rasch als möglich seine Strafe empfangen wird, nämlich zum Richter wie sonst zum Arzte, und muß eilen, daß die Krankheit der Ungerechtigkeit nicht durch die Länge der Zeit in die Seele sich einfresse und sie unheilbar mache."

„Wenn aber jemand in irgendeiner Beziehung schlecht wird, muß er gezüchtigt werden, und das ist das zweite Gut nach dem Gerechtsein, daß man gerecht werde und gezüchtigt Strafe leide." [16]

So wird die Strafe dem Übeltäter zum Heilmittel, das seine Seele reinigt; und wie der Arzt dem Kranken hilft, indem er heilend eingreift, so hilft der Richter dem Übeltäter, indem er strafend heilt, und die Gemeinschaft dient dem Übeltäter, indem sie den Richter bestellt und mit der Gewalt zu strafen ausstattet. Die läuternde Sühne ist das „Gute" und „Schöne", um das es im Strafeleiden für den Übeltäter und allein für die die Strafe verhängende Gemeinschaft im gerechten Züchtigen geht [17].

Diese Art einer absoluten Theorie, die in der Strafe einen Dienst am Verbrecher sieht, findet sich auch in späterer Zeit immer wieder, und zwar vor allem im Bereiche christlich-theologischer Betrachtung der Strafe. So sagt *Thomas von Aquin,* die Strafen des gegenwärtigen Lebens seien mehr Heilstrafen als Vergeltungsstrafen („poenae praesentis vitae magis sunt medicinales quam retributivae") [18]; sie seien nicht an sich gefordert, sondern als Heilmittel, und so dienten sie entweder zur Besserung des Fehlenden oder zum Wohl des Gemeinwesens, dessen Ruhe durch die Bestrafung der Übeltäter gesichert werde[19]; die Strafe lasse sich unter zweifachem Gesichtspunkt betrachten: durch sie werde die von der Gerechtigkeit verlangte Gleichheit wiederhergestellt, und sodann sei sie Heilmittel (medicina), das nicht nur eine begangene Sünde gutmache, sondern auch vor künftigem Fehltritt bewahre und zum Guten ansporne[20].

Absolutes Verständnis der Strafe findet sich in der Gegenwart z. B. in folgenden protestantisch-theologischen Äußerungen – im Sinne des Postulats der Gerechtigkeit:

„Der Sinn der Strafe liegt also in ihr selbst als Geltendmachen der ewigen Ordnung gegenüber und an dem Rechtsbrecher" [21],

und im Sinne der den Übeltäter reinigenden Sühne:

„Um der Übeltat willen wird dem Übeltäter ein Nachteil, ein Leid, ein Verlust oder ein Schmerz zugefügt; und um dieser Zufügung willen kommt das Gleichgewicht der Waage der Gerechtigkeit wieder zustande. Dieses Gleichgewicht aber ist die aus der Sühne folgende Versöhnung. Wer gesühnt hat, der hat Frieden."

Es „liegt im Sühnegedanken beschlossen, daß er ohne Rücksicht auf Zwecke einzig am Guten selbst orientiert ist und daß die Strafe ohne Seitenblicke nur dem Täter selbst gilt" [22].

Auch in der Strafrechtslehre der Gegenwart wird das „Recht zu strafen" aus der nur durch die Strafe möglichen „Entsühnung des Rechtsbrechers" hergeleitet. Nach dieser Auffassung gibt es

„nur die eine Möglichkeit: die Strafe aus ihrer sühnenden, reinigenden Funktion zu rechtfertigen. Der Täter darf bestraft werden, weil er den sittlichen Makel, den er sich selbst durch seinen Rechtsbruch zugezogen hat, nur dadurch zu tilgen vermag, daß er das Strafleiden auf sich nimmt; er hat, wie es schon Fichte formuliert hat, ein Recht darauf, bestraft zu werden, und diesen legiti-

27

men Anspruch des Delinquenten zu erfüllen, ist die Allgemeinheit ihrerseits nicht nur berechtigt, sondern auch verpflichtet" [23].

Und selbst in Gerichtsurteilen wird vom „anerkannten Sühnezweck der Strafe" gesprochen:

„Der anerkannte Sühnezweck der Strafe beruht gerade darauf, daß der Bestrafte das Strafübel nicht nur gezwungenermaßen erträgt, sondern kraft freien, unerzwingbaren sittlichen Entschlusses als gerecht hinnimmt und seine Tat auf diese Weise sühnt." (Urteil des Bundesgerichtshofs vom 13.12. 1963) [24].

In der Reihe der Beispiele haben sich uns die absoluten Straftheorien in ihrem Gemeinsamen gezeigt: Immer wird hier die Strafe als sittlich zwingende Antwort auf einen Rechtsbruch gesehen und nur auf diesen Rechtsbruch bezogen: „Punitur, quia peccatum est".

2. Relative Straftheorien

„Punitur, ne peccetur" sagen die relativen Theorien: die strafende Gemeinschaft verfolge mit der Strafe das Ziel, Verbrechen zu verhüten. Sieht man darin zugleich schon Sinn und Rechtfertigung der Strafe, so bleibt nur noch zu fragen, wem gegenüber an solche Prävention gedacht ist: entweder der Allgemeinheit gegenüber, dass also die vielen nicht die Lust anwandle, Verbrechen zu begehen („Generalprävention"), oder dem einzelnen zu bestrafenden Täter gegenüber, dass gerade er künftig keine Verbrechen mehr begehe („Spezialprävention").

a) Schon seit je ist die Strafe *generalpräventiv* gesehen worden. Zu nennen sind hier etwa Protagoras, Aristoteles, Hugo Grotius, Th. Hobbes, die zwar nicht ausschließlich, aber doch in Verbindung mit anderen Aspekten die allgemeine Abschreckung als wesentliche Aufgabe der Strafe bezeichnet haben [25].
Spricht man heute in der deutschen Strafrechtslehre von der Theorie der Generalprävention, so denkt man freilich zuerst an jenen

einzigartig prägnanten Inhalt, den diese Theorie durch *Anselm von Feuerbach,* den berühmten deutschen Kriminalisten zu Anfang des 19. Jahrhunderts, gefunden hat. Hatte man sonst den generalpräventiven Schwerpunkt in der abschreckenden Strafvollstreckung gesehen (was denn auch in der Praxis des ausgehenden Mittelalters und der folgenden Jahrhunderte zu öffentlicher und besonders grausamer Vollstreckung möglichst harter Strafen geführt hat), so legte Feuerbach in seiner Theorie den Schwerpunkt ganz auf die *Strafdrohung.* Feuerbach geht davon aus, dass der Staat Rechtsverletzungen zu verhindern habe und dies allein mit physischem Zwang nicht tun könne, und zwar schon deshalb nicht, weil gar nicht immer zu erkennen sei, wann eine Rechtsverletzung bevorstehe. So sei es erforderlich, auch noch „psychologischen Zwang" anzuwenden:

„Sollen daher Rechtsverletzungen überhaupt verhindert werden, so muß neben dem physischen Zwange noch ein anderer bestehen, welcher der Vollendung der Rechtsverletzung vorhergeht, und, vom Staate ausgehend, in jedem einzelnen Falle in Wirksamkeit tritt, ohne daß dazu die Erkenntnis der jetzt bevorstehenden Verletzung vorausgesetzt wird. Ein solcher Zwang kann nur ein psychologischer sein." [26]

Die Möglichkeit solchen psychologischen Zwangs sieht Feuerbach in der Strafdrohung, die den sinnlichen Antrieb zu Rechtsverletzungen aufhebe: „Alle Übertretungen haben ihren psychologischen Entstehungsgrund in der Sinnlichkeit, inwiefern das Begehrungsvermögen des Menschen durch die Lust an oder aus der Handlung zur Begehung derselben angetrieben wird. Dieser sinnliche Antrieb kann dadurch aufgehoben werden, daß jeder weiß, auf seine Tat werde unausbleiblich ein Übel folgen, welches größer ist, als die Unlust, die aus dem nicht befriedigten Antrieb zur Tat entspringt." [27]

Feuerbach meinte, es komme nur darauf an, im Gesetz das verbotene Tun möglichst genau zu beschreiben, eine jeweils klar bestimmte und die Lust zum Verbrechen aufwiegende Strafe darauf anzudrohen und dafür zu sorgen, dass jedermann das Gesetz kenne – dann würden die Rechtsverletzungen ganz ausbleiben. Entscheidend ist also nach seiner Meinung die *Androhung* der Strafe; die Vollstreckung soll nur den Ernst der Drohung für andere Fälle dartun.

„Der Zweck der Androhung der Strafe im Gesetz ist Abschreckung aller ... von Rechtsverletzungen. Der Zweck der Zufügung derselben ist die Begründung der Wirksamkeit der gesetzlichen Drohung, inwiefern ohne sie diese Drohung leer (unwirksam) sein würde. Da das Gesetz alle Bürger abschrecken, die Vollstreckung aber dem Gesetz Wirkung geben soll, so ist der mittelbare Zweck (Endzweck) der Zufügung ebenfalls bloße Abschreckung der Bürger durch das Gesetz." [28]

b) Der generalpräventiven Theorie standen schon immer *spezialpräventive* Straftheorien zur Seite oder gegenüber. In Deutschland wurde die Strafe besonders in der Zeit des späten Polizeistaates spezialpräventiv aufgefasst; vor allem Stübel, Grolman und Kleinschrod mit ihren Schriften aus den Jahren 1795-1805 sind hier zu nennen[29]. So lesen wir etwa bei Grolman:

„So bleibt denn auch bei der Strafgewalt des Staates das Strafrecht Präventionsrecht und der Zweck der Strafe Abschreckung des zu Strafenden, oder Unmöglichmachen künftiger Illegalitäten desselben." [30]

Aber das Bild dieser Straftheorien ist längst verblasst neben der Gestalt, die der große deutsche Kriminalist *Franz von Liszt* Ende des 19. Jahrhunderts der spezialpräventiven Auffassung der Strafe gegeben hat. Liszt sah – wie wir heute sagen: im Geiste des allgemein vordringenden naturwissenschaftlichen Denkens jener Zeit – das Verbrechen als Produkt von Anlage des Verbrechers und Einflüssen der Umwelt, in dem zu bestrafenden Verbrecher also die Ursache von Verbrechen, die als zugleich mögliche Ursache künftiger Verbrechen zu bekämpfen sei, und er sah die Strafe als (ein) Mittel solcher Bekämpfung und fragte nun nach den Wirkungen, die die Strafe auf den einzelnen Verbrecher haben könne. Als solche Wirkungen erkannte er die Besserung, die Abschreckung und die Unschädlichmachung:

„Die Strafe ist Zwang. Sie wendet sich gegen den Willen des Verbrechers, indem sie die Rechtsgüter verletzt oder vernichtet, in welchen der Wille Verkörperung gefunden hat. Als Zwang kann die Strafe doppelter Natur sein.

a) Indirekter, mittelbarer, psychologischer Zwang oder Motivation. Die Strafe gibt dem Verbrecher die ihm fehlenden Motive, welche der Begehung von Verbrechen entgegenzuwirken geeignet sind, und die vorhandenen Motive vermehrt und kräftigt sie. Sie erscheint als künstliche Anpassung des Verbrechers an die Gesellschaft, und zwar

(a) durch Besserung, d. h. durch Einpflanzung und Kräftigung altruistischer, sozialer Motive;

(b) durch Abschreckung, d. h. durch Einpflanzung und Kräftigung egoistischer, aber in der Wirkung mit den altruistischen zusammenfallender Motive.

b) Direkter, unmittelbarer, mechanischer Zwang oder Gewalt. Die Strafe ist Sequestrierung des Verbrechers; vorübergehende oder dauernde Unschädlichmachung, Ausstoßung aus der Gesellschaft oder Internierung in derselben. Sie erscheint als künstliche Selektion des sozial untauglichen Individuums. Die Natur wirft denjenigen, der sich gegen sie vergangen hat, aufs Bett, der Staat wirft ihn ins Gefängnis.

Besserung, Abschreckung, Unschädlichmachung: das sind demnach die unmittelbaren Wirkungen der Strafe." [31]

Diesen Wirkungen gemäß bildete Liszt die entsprechenden Verbrechergruppen der Augenblicks- oder Gelegenheitstäter, die durch die Strafe nur abgeschreckt werden sollen, der besserungsfähigen Zustands- (oder Gewohnheits-) verbrecher, die durch die

Strafe gebessert werden sollen, und der unverbesserlichen Zustandsverbrecher, die durch die Strafe aus der Gesellschaft entfernt und dadurch unschädlich gemacht werden sollen[32].

Dass die Strafe generalpräventiv wirke, ließ von Liszt durchaus gelten, doch er verneinte, dass sie dazu da sei. Er selbst sagt rückblickend über die Bedeutung der auf ihn zurückgehenden sog. „soziologischen Richtung" in der Straftheorie:

„Als Aufgabe der Strafe erschien die der Eigenart des Verbrechers angepaßte Einwirkung auf ihn. So trat der Gedanke der Spezialprävention in den Vordergrund, ohne daß der der Generalprävention beseitigt werden sollte; und der Vergeltungsstrafe wurde die Schutzstrafe oder Zweckstrafe gegenübergestellt." [33]

Diese spezialpräventive Straftheorie Liszts ist die heute noch im allgemeinen Bewusstsein der Strafrechtslehre in Deutschland lebendige Form einer derartigen Theorie überhaupt. Denkt man sie konsequent zu Ende, so muss sie wohl die Strafe selbst völlig verdrängen, wie wir es bei *Radbruch,* einem Schüler Liszts, denn auch ausdrücklich gesagt finden:

„Das unendliche Ziel der strafrechtlichen Entwicklung bleibt ... das Strafgesetzbuch ohne Strafen, ist nicht die Verbesserung des Strafrechts, sondern der Ersatz des Strafrechts durch Besseres." [34]

Und an anderer Stelle glaubte Radbruch vorhersagen zu können:

„daß die Entwicklung des Strafrechts über das Strafrecht einstmals hinwegschreiten und die Verbesserung des Strafrechts nicht in ein *besseres* Strafrecht ausmünden wird, sondern in ein Besserungs- und Bewahrungsrecht, das *besser als* Strafrecht, das sowohl klüger wie menschlicher als das Strafrecht wäre." [35]

3. Vereinigungstheorien

Weithin, früher schon wie heute, werden die zuvor geschilderten Theorien ganz einseitig vertreten. Die Strafe solle nur die Übeltat vergelten, in ihr gehe es nur um die Gerechtigkeit – so sagen die einen; sie leugnen freilich nicht allgemeine Abschreckung und individuelle Besserung und dergleichen mögliche Wirkungen der Strafe, halten sie aber im Blick auf den Sinn der Strafe für unwesentliche Momente. Die anderen dagegen sagen, die Strafe habe nur den Zweck, allgemein abzuschrecken, und wieder andere – wie wir gesehen haben – sie solle das Verbrechen im einzelnen Täter (also spezialpräventiv) bekämpfen und die Generalprävention sei jedenfalls nicht ihre Aufgabe. Aus diesen Gegensätzen ergab sich gerade für die deutsche Strafrechtswissenschaft um die Jahrhundertwende und danach der jahrzehntelang währende so genannte Schulenstreit, in dem sich absolute Theorie und spezialpräventive Theorie der Strafe aufs schroffste gegenübertraten.

Doch es finden sich auch Auffassungen, die die verschiedenen Aspekte zu vereinigen suchen. Man nennt sie *Vereinigungstheorien*. Als ein zeitlich schon etwas zurückliegendes Beispiel einer solchen Theorie mag angeführt werden, was *Robert von Hippel* in seinem Strafrechtslehrbuch 1925 schreibt:

„Einseitig und deshalb unzureichend bleibt insbesondere hier wie dort jede Theorie, die einen Teil der wirklichen Lebenserscheinungen nicht umfaßt. Vermeiden läßt sich dieser Fehler hier wie dort nur durch zutreffende Würdigung aller wesentlichen Gesichtspunkte, also durch eine Vereinigungstheorie." [36]

Die Rede ist dann vom „Vergeltungszweck" der Strafe, vom Zweck der General- und dem der Spezialprävention, die alle nebeneinander im Gebäude dieser Auffassungen Platz finden. Die Vereinigungstheorien ziehen in der Regel auch die Aspekte der einzelnen Strafzumessung heran; so findet man den Namen „Vereinigungstheorie" auch dort, wo gefordert wird, die einzelne Strafe im Rahmen und nach dem Maß der Schuld zu verhängen und innerhalb eines dabei angeblich bestehenden Spielraums generalpräventive und spezialpräventive Zwecke zu berücksichtigen[37].

4. Rückblick. Die gegenwärtige Situation

Wir kennen nunmehr die Straftheorien in wesentlichen Beispielen. Dabei ging es viel mehr um den Typus der jeweiligen Theorie als um ihr historisch besonderes Bild und um dessen geistesgeschichtliche Zusammenhänge, denn der Art nach sind alle Theorien wie eh und je so auch heute lebendig. Aus solcher Zeitlosigkeit der Theorien (dem Typus nach) sollte nun freilich nicht der Eindruck entstehen, Theorie und Praxis stünden unberührt nebeneinander und die Theorie hielte sich nur an das in aller Zeit Gleichbleibende am Strafen. Vielmehr ist zu beobachten, dass bei einem Wandel in der Praxis des Strafens auch die Theorien sich ändern (wenn auch nur in Nuancen), und umgekehrt. Inwieweit hierbei eine veränderte Strafpraxis auf eine neue Theorie zurückzuführen, inwieweit eine neue Theorie von geänderter Praxis sozusagen als nachträgliche Begründung hervorgebracht worden ist, das mag im Einzelnen oft schwer zu erkennen sein. Halten wir uns an Beispiele aus der Geschichte, so ist wohl sicher: Solange die Strafpraxis nur Strafen an Leib und Leben kannte, wie im späten Mittelalter, fand sich eine spezialpräventive Theorie, die den Täter durch die Strafe gebessert sehen möchte, weniger vertreten als hernach bei Existenz der Freiheitsstrafe, die erlaubt, mannigfach auf den Täter einzuwirken. Und dass die Theorie – vor allem auf dem Wege über die Gesetzgebung – die Praxis beeinflusst, hat deutlich die Lisztsche Spezialpräventionstheorie gezeigt, die u. a. dem modernen Jugendstrafrecht den Weg geebnet, die Maßregeln der Sicherung und Besserung (Einweisung in eine Heilanstalt, Berufsverbot u. dgl.) herbeigeführt und die kurzfristige Freiheitsstrafe zugunsten der Geldstrafe zurückgedrängt hat (und zwar dies letztere aus der Auffassung, dass der Vollzug der kurzfristigen Freiheitsstrafe am

Charakter des Täters nichts bessern, wohl aber einiges verschlechtern könne).

Bis vor wenigen Jahren stand in *der Bundesrepublik,* was Theorie und Gesetzgebung betrifft, das „absolute" Verständnis der Strafe im Vordergrund; dies zeigten schon die oben (S. 21 ff.) angeführten Stimmen. Soweit gleichwohl die Gesichtspunkte der Zweckmäßigkeit nicht übergangen wurden, konnte man freilich auch die Vereinigungstheorie als die vorherrschende Auffassung bezeichnen. In ihrer Richtung lässt sich die Zusammenfassung aller Gesichtspunkte verstehen, die sich z. B. in der Begründung des Entwurfes eines Strafgesetzbuchs E 1962, der amtlichen Bundestagsvorlage aus dem Jahre 1962, findet:

„Denn der Entwurf sieht den Sinn der Strafe nicht allein darin, daß sie die Schuld des Täters ausgleicht. Sie hat damit zugleich auch den allgemeinen Sinn, die Rechtsordnung zu bewähren. Außerdem dient sie bestimmten kriminalpolitischen Zwecken, in erster Linie dem Zweck, künftige Straftaten zu verhüten. Das kann dadurch geschehen, daß der Täter und andere davon abgeschreckt werden, derartige Taten zu begehen. Es kann nachhaltiger dadurch geschehen, daß auf den Täter eingewirkt wird, um ihn der Gemeinschaft wieder zu gewinnen und ihn gegen neue Versuchungen innerlich widerstandsfähiger zu machen. Es kann schließlich auch dadurch geschehen, daß die Allgemeinheit vor dem gefährlichen Täter gesichert wird. Alle diese Zwecke werden zum Teil von selbst durch die Strafe erreicht. Sie können aber auch im einzelnen Falle durch Art und Maß der Strafe besonders angestrebt werden." [38]

Auch aus der Strafrechtspraxis lassen sich Gerichtsentscheidungen anführen, die als Beleg für die Anerkennung der Vereinigungstheorie verstanden worden sind. Allerdings ist zu bedenken, dass es hier jeweils um Fragen der Strafzumessung ging, nämlich im Zusammenhang mit dem früheren § 27b StGB, der regelte, wann eine Freiheitsstrafe durch eine Geldstrafe zu ersetzen war. (Das Gericht hatte anstelle einer Freiheitsstrafe von weniger als drei Monaten auf Geldstrafe zu erkennen, „wenn der Strafzweck durch eine Geldstrafe erreicht werden kann".) Aus derartigen Urteilen stammen Formulierungen wie:

„Strafzwecke sind vor allem die Zufügung eines Übels zum Zwecke der Vergeltung und die Abschreckung; daneben kommt die erzieherische Seite der Strafe in Betracht. Auch die Wirkung der Strafe auf Dritte, insbesondere auf den etwaigen Verletzten, ist nicht außer Betracht zu lassen. Zu berücksichtigen sind grundsätzlich alle Strafzwecke; einem von ihnen kann aber ausschlaggebende Bedeutung beigemessen werden." [39]

In den letzten Jahren ist jedoch in der Bundesrepublik die spezialpräventive Straftheorie stärker hervorgetreten, und zwar sowohl in der wissenschaftlichen Diskussion wie auch in der Strafrechtsreform (jedenfalls wenn man deren eigenes Selbstverständnis zugrunde legt).

Dies zeigt sich zunächst am „Alternativ-Entwurf", den eine Gruppe von Strafrechtslehrern zum Allgemeinen Teil eines Strafgesetzbuchs im Jahre 1966 vorgelegt hat, um eine Alternative zum amtlichen StGB-Entwurf 1962 zu eröffnen. § 2 dieses Alternativ-Entwurfs sagt ausdrücklich über den Zweck der Strafe, sie diene dem Schutz der Rechtsgüter „und der Wiedereingliederung des Täters in die Rechtsgemeinschaft"; und in der Begründung wird der spezialpräventive Aspekt besonders deutlich hervorgehoben: Zwar müsse in nicht wenigen Fällen der Rechtsbrecher einzig um des Bestandes der Rechtsordnung willen einen staatlichen Eingriff auf sich nehmen; aber die Rechtsordnung werde am besten gesichert, wenn der Rechtsbrecher dahin geführt werde, nicht wieder gegen das Recht zu verstoßen[40].

Sodann zeigt sich der spezialpräventive, also auf den einzelnen Rechtsbrecher und seine „Behandlung" abstellende Strafgedanke stärker als zuvor in den Strafrechtsreformgesetzen des Jahres 1969 und in ihrer Begründung. Der beim Deutschen Bundestag gebildete Sonderausschuss für die Strafrechtsreform hat jedenfalls in seinem schriftlichen Bericht zur Vorlage des von ihm ausgearbeiteten Entwurfs des ersten Strafrechtsreformgesetzes als entscheidenden Gesichtspunkt seiner Arbeit u. a. hervorgehoben „die moderne Ausgestaltung des Sanktionensystems als taugliches Instrument der Kriminalpolitik mit dem Ziel einer Verhütung künftiger Straftaten, vor allem durch Resozialisierung des Straftäters". [41]

Aus dem 1. (am 1. 4. 1970 in Kraft getretenen) Strafrechtsreformgesetz lässt sich als besonderer spezialpräventiver Akzent anführen, dass die Strafaussetzung zur Bewährung nicht mehr wie bisher nur Freiheitsstrafen bis zu 9 Monaten, sondern bis zu einem Jahr erfassen kann und, „wenn besondere Umstände in der Tat und in der Persönlichkeit des Verurteilten vorliegen", sogar bis zu zwei Jahren. Und aus dem 2. Strafrechtsreformgesetz, das am 1. 10. 1973 in Kraft treten soll, lässt sich als Beispiel spezialpräventiver Rechtsfolge die in § 65[1] geregelte Unterbringung in einer „sozialtherapeutischen Anstalt" anführen, die vor allem für Rückfalltäter mit schwerer Persönlichkeitsstörung und für gefährliche Sexualtriebtäter vorgesehen ist; soweit die Unterbringung neben einer Freiheitsstrafe angeordnet wird, ist als Ausgangsregelung vorgesehen (§ 67 des 2. Strafrechtsreformgesetzes), dass die Unterbringung vor der Strafe vollzogen wird und dass hernach die Zeit des Vollzuges auf die Strafe angerechnet wird; dadurch werden Freiheitsstrafe und Unterbringung in gewissem Sinne austauschbar.

In einer Reihe *anderer Länder* stehen schon seit längerer Zeit spezialpräventive Ideen im Vordergrund. So hat die Schule der Défense Sociale, der sozialen Verteidigung, vor allem in romanischen Ländern, aber auch in Skandinavien, große Bedeutung; ihr extremer Flügel möchte das Strafrecht durch ein spezialpräventiv auf die einzelne Persönlichkeit des Täters abstellendes Maßnahmenrecht ersetzen[42]. Als eine Frucht dieser Gedanken ist wohl ein im Jahre 1956 vorgelegter schwedischer Gesetzentwurf über die Rechtsfolgen von Verbrechen anzusehen, der provisorisch als „Schutzgesetz" bezeichnet worden ist. In ihm wird der Ausdruck Strafe weitgehend vermieden (obwohl an Freiheits- und Geldstrafe festgehalten wird), und es werden verschiedene Formen von „Kriminalpflege" und sozialer Fürsorge stärker eingesetzt[43].

In den angelsächsischen Ländern, in denen weitgehend das sog. case-law (Fallrecht) gilt und nicht etwa Gesetzesrecht wie in Kontinentaleuropa, geht auch die Rechtstheorie nicht eigentlich von einer allgemeinen systematischen Grundlegung aus, sondern von den Urteilen der Gerichte. So betrachtet man auch das staatliche Strafen weitestgehend pragmatisch, ohne sich um Straftheorien ernstlich zu kümmern, und wachsende Kriminalität weckt hier ganz unmittelbar, ohne den Weg über tiefschürfende Auseinandersetzungen, die praktischen Versuche, diese Kriminalität besser, d. h. erfolgreicher als bisher zu bekämpfen. Die Strafaussetzung zur Bewährung ist in den USA schon lange zu Hause; überhaupt sieht man die entscheidenden Aufgaben vor allem bei der Strafzumessung und im Strafvollzug, wo denn auch neue Wege beschritten werden. So hat Kalifornien schon seit geraumer Zeit für den Fall der Verurteilung wegen eines Verbrechens die Aufgabe des Gerichts auf den Ausspruch der Freiheitsstrafe beschränkt und einer besonderen Behörde die Aufgabe übertragen, die Dauer der Freiheitsentziehung – allerdings innerhalb des gesetzlichen Strafrahmens – festzusetzen und einen Vollzugsplan aufzustellen; in diesem besonderen Verfahrensabschnitt wird der Häftling von allerlei Sachverständigen wie Psychiatern, Psychologen, Soziologen und Pädagogen auf seine Resozialisierbarkeit untersucht[44].

Beim Blick auf die gegenwärtige Situation darf schließlich ein wichtiger Punkt des allgemeinen Gesprächs über Strafe nicht übergangen werden, nämlich die Verknüpfung, in der die *Begriffe Schuld, Willensfreiheit und Strafe* vielfach gesehen werden. Die traditionelle deutsche Strafrechtslehre gründet die Schuld des Täters, die als Merkmal der Strafrat für die Strafe vorausgesetzt wird, auf die *Willensfreiheit* des Menschen (jedenfalls des geistig gesunden)[45]. Eine Entscheidung des Bundesgerichtshofes aus dem Jahre 1952 betont diesen Zusammenhang aufs deutlichste: „Der innere Grund des Schuldvorwurfs liegt darin, dass der Mensch auf freie, verantwortliche, sittliche Selbstbestimmung angelegt und deshalb befähigt ist, sich für das Recht und gegen das Unrecht zu entscheiden, sein Verhalten nach den Normen des rechtlichen Sollens einzurichten und das rechtlich Verbotene zu vermeiden, sobald er die sittliche Reife erlangt hat und solange die Anlage zur freien sittlichen Selbstbestimmung nicht durch die in § 51 StGB[2] genannten krankhaften Vorgänge vorübergehend gelähmt oder auf Dauer zerstört ist."[46] – Eine andere Meinung dagegen geht von der *sog. Willensunfreiheit* des Menschen aus, verneint zugleich die Möglichkeit einer Schuld in dem für die Strafe vorauszusetzenden Sinn und lehnt von daher folgerichtig jedes Recht der Gesellschaft ab, Mitmenschen zu bestrafen. Gerade der Angriff, den die jüngere Generation in den letzten Jahren gegen eine Reihe von herkömmlichen, in der Gesellschaft lebendigen Leitbildern führt, ergreift hier auch diesen Schuld- und Strafbegriff. Als ob es um die Zerstörung eines Tabus gehe, liest man auf Schriftbändern und Plakaten studentischer Gruppen in den juristischen Universitätsinstituten markante Parolen, die die Strafe als Produkt metaphysischer Spekulation abtun. Aber diese Gedankengänge sind nicht neu; sie führen ohne Bruch auf Liszt und die moderne Schule (oben S. 30 f.) zurück; es sind Gedanken, die durch die Jahrzehnte immer wieder lebendig waren und neuerdings in Deutschland u. a. dahin formuliert worden sind: Der Schuldbegriff im Strafrecht sei nichts anderes als ein Relikt jenes archaischen Vergeltungsdenkens, das einst zur Vergeltung sogar an toten Gegenständen, an Tieren (Tierprozesse noch im 17., ja sogar im 19. Jahrhundert!), an Kindern und Geisteskranken geführt habe. Überall sei hier inzwischen im Laufe der Jahrhunderte die Schuldbetrachtung durch die Kausalbetrachtung verdrängt worden, nur im Bereiche der Strafe halte man noch an Schuld und Vergeltung fest, statt auch hier die Kausalität von Anlage und Umwelt des Rechtsbrechers zu sehen und Behandlung an die Stelle von Vergeltung und Strafe zu setzen[47].

Doch mit diesen aktuellen Bruchstücken sei der Blick auf die Situation der Gegenwart beendet.

IV. DIE WESENTLICHEN BEGRIFFE

A. Nach dem Sinn der Strafe können wir vernünftig erst fragen, wenn wir uns klargemacht haben, was wir unter „Strafe" und unter „Sinn" verstehen.

1. Strafe interessiert uns hier nicht etwa als göttliche oder ewige Strafe, sondern nur als unter Menschen zugefügte Strafe. Wir kennen sie nicht nur als staatlich festgesetzte Rechtsfolge, sondern vor allem in der Erziehung durch Eltern und Lehrer. Von Kindesbeinen an ist sie uns vertraut als ein Geschehen, das den Bestraften mit Unlust erfüllt und das als ein Übel empfunden wird – im Elternhaus: man darf nicht mit den Freunden spielen, sondern muss im Zimmer bleiben; man bekommt Schläge – und in der Schule: man hat eine Strafarbeit zu schreiben, die den ganzen Nachmittag wegnimmt, oder man muss nachsitzen. Nicht anders legt auch die staatliche Strafe dem Bestraften ein Übel auf: er muss finanzielle Einbuße auf sich nehmen, oder es wird ihm die Freiheit entzogen.

Das Übel allein macht freilich noch nicht die Strafe aus. So ist es gewiss trotz des Übels, das dem Betroffenen auferlegt wird, keine Strafe: wenn der einer Pockenerkrankung Verdächtige in Quarantäne gehalten wird; wenn dem Schädiger auferlegt wird, den Schaden durch finanzielle Leistung zu ersetzen; wenn der einer Straftat Verdächtige in Untersuchungshaft genommen wird. Was im Vergleich hierzu das auferlegte Übel zur Strafe macht, ist, dass es sich auf die Tat bezieht, deretwegen der Bestrafte bestraft wird. Den Pockenverdächtigen hält man nur deshalb fest, damit nicht andere erkranken; wer einen Schaden zu ersetzen hat, kann sich selbst fehlerfrei verhalten haben: so z. B. der Hundebesitzer, dessen Hund Schaden angerichtet hat, den der „Tierhalter" nun ersetzen muss; die Untersuchungshaft soll den Strafprozess ermöglichen und setzt nicht das begangene Verbrechen, sondern nur den dringenden Verdacht voraus, der sich oft nicht bestätigen lässt.

Von Strafe sprechen wir erst dann, wenn dem Bestraften das Übel deshalb auferlegt wird, weil er etwas getan hat, was er nicht hätte tun dürfen, oder weil er nicht getan hat, was er hätte tun sollen. In der Strafe wird ein Übel zugefügt als Reaktion auf eine Übeltat. Schon Hugo Grotius hat sie so bestimmt: „Poena est malum passionis, quod infligitur propter malum actionis." [48] (Die Strafe ist ein Übel, das man erleidet und das einem zugefügt wird wegen eines Übels, das man getan hat.) Das heißt nach deutschem Sprachgebrauch: Die Übeltat wird in der Strafe mit einem Übel „vergolten".

Vergelten – das kennen wir nicht nur als Vergelten des Übels mit einem Übel, sondern auch als Vergelten des Guten mit Gutem. „Vergelt's Gott!" sagt der Bettler zum Dank für die Wohltat, und er meint damit die Vergeltung im Guten, die wir als Lohn oder Belohnung kennen. Man kann auch „Böses mit Gutem vergelten" – jedenfalls wird im Vergelten immer handelnde Reaktion auf ein Verhalten begriffen, und die Reaktion im Guten (in bonam partem) und die im Üblen (in malam partem) sind im Begriffe der Vergeltung ganz gleichgeordnet.

Strafe ist also Vergeltung, und zwar „in malam partem". Aber solche Vergeltung finden wir nicht nur in der Strafe, sondern auch in der Rache. Mag sie nun Rache des Einzelnen oder einer Gruppe (so bei der Lynchjustiz) sein: auch sie vergilt eine Übeltat – oder doch, was dafür gehalten wird – mit der Zufügung eines Übels. So ist zu fragen, wodurch sich Strafe von der Rache unterscheidet. Hat man mancherlei Bilder grausamer Racheakte vor Augen, dann wird man zunächst den Unterschied im Maß der Reaktion suchen: dass die Maßlosigkeit die Rache, die Mäßigung die Strafe kennzeichne. Aber wir kennen Fälle von gemäßigter Rache wie auch solche maßlosen Strafens.

Auch dass die Rache vom Einzelnen (und sei es eine ganze Gruppe von Einzelnen), die Strafe von der Gemeinschaft ausgehe, kann die Begriffe nicht abgrenzen, denn in der Kinder- und Jugenderziehung straft fast immer der Erzieher als Einzelner.

So kann das maßgebliche Merkmal nicht allein im äußeren Erscheinungsbild der Vergeltung, sondern muss in ihrem geistigen Verständnis gefunden werden, wie ja ohnehin die Übelszufügung erst dadurch zur Vergeltung wird, dass wir sie als Reaktion auf ein Verhalten verstehen. Verstehen wir nun die Vergeltung im einzelnen Fall rein individualistisch, ist in ihr nur das Subjektiv-Besondere lebendig, verfolgt der Handelnde nach Form oder Inhalt seiner Reaktion nur seine Interessen[49], dann sehen wir in solcher Vergeltung nur die Rache, und die Beteiligten erscheinen uns gleichgeordnet.

Drückt sich dagegen in der Vergeltung ein Objektiv-Geistig-Allgemeines aus, und zwar sowohl darin, auf welche Tat sie sich bezieht, als auch in Form und Inhalt der Reaktion (dass wir die Tat als missbilligenswert, die Reaktion als zu verantwortende Übelszufügung erleben), dann sehen wir in solcher Vergeltung eine Strafe und wir sehen den Strafenden dem Bestraften übergeordnet (mag es sich hierbei um die strafende Gemeinschaft und den Verbrecher, mag es sich um den erzieherisch strafenden Einzelnen und den Zögling handeln).

Dieses Geistig-Allgemeine ist sittlicher Natur: es wird in der Strafe, deren Grundbedeutung ja auch als „Tadel" angegeben wird[50], die Tat, auf die sich die Strafe bezieht, sittlich missbilligt, und sie wird in einer sittlich zu verantwortenden Weise missbilligt: Inhalt und Form der Reaktion auf die Übeltat müssen im Einklang mit dem lebendigen sittlichen Wertempfinden „erträglich" sein. Soweit sittliche Urteile Ausdruck ihrer Zeit und ihres Kulturkreises sind, ist also die „Strafe" an diese geistige Situation gebunden, weshalb denn auch früher als Strafe anerkannt worden sein mag, was heute nicht mehr als Strafe bezeichnet werden könnte[51]. Immer aber wird gelten: „Die Strafe ist zunächst nichts anderes als eine Machtäußerung des sittlichen Lebens." [52]

Es ist also nicht Strafe, sondern nur vergeltende Gewalt, wenn ein Übel zugefügt wird als Reaktion auf eine Tat, die nicht als sittlich verwerflich erlebt wird: vom Staate her z. B. dann, wenn der Geßlerhut nicht gegrüßt worden ist (Wilhelm Tell) oder wenn aller Humanität zuwiderlaufende Rassengesetze (wie die des nationalsozialistischen Staates) verletzt worden sind, und von der Erziehung her z. B. dann, wenn es der Erzieher als Ungehorsam ahndet, dass sich der Zögling der verlangten Teilnahme an einem Verbrechen widersetzt. Auch ist es nicht Strafe, wenn das Übel zugefügt wird in völliger Verzerrung der im allgemeinen sittlichen Bewusstsein lebendigen Maßstäbe (so, wenn der harmlose Obstdiebstahl mit der Todes"strafe" vergolten würde); oder wenn die Formen völlig missachtet werden, die für eine sachlich richtige Reaktion nach sittlichen Postulaten vorauszusetzen sind. (Selbst wenn in einer Gewaltaktion wie etwa der Hitlers auf den sog. Röhm-Putsch im Jahre 1934 in einem einzelnen Fall das gerechte Maß gefunden worden wäre, so wäre auch diese Vergeltung reine Rache gewesen, da sie wegen der Umgehung von Gerichten und gerichtlichen Verfahren nicht als Ausdruck eines Allgemein-Objektiven gesehen werden könnte.)

Wollten wir uns nun streng an diese Vorstellungen von Strafe halten, dann wäre freilich manches nicht Strafe, das wir doch als Strafe zu bezeichnen pflegen. So könnten wir nicht mehr reden von zu heftigem, sinnlosem „Strafen" in der Erziehung und kaum mehr von ungerechter „Strafe" oder von „unseliger Vielstraferei" im staatlichen Strafen, weil dies alles schon gar nicht mehr Strafe wäre, sondern reiner Gewaltakt. Es zeigt sich also, dass der Begriff der Strafe als „die Summe unserer Erfahrung" weiter ist, als wir zunächst annahmen. Auch Reaktionen auf sittlich nicht verwerfliches Verhalten (also die Bestrafung ohne eigentliche Übeltat) und Reaktionen, die in Form und Inhalt nicht zu verantworten sind (wie das maßlos schwere Strafen), begreifen wir in gewissem Umfang noch als Strafe.

Unsere Überlegungen zeigen, dass hier zwar eine Grenze, diese aber nicht scharf gezogen werden kann. Was ist der Grund für solche Unsicherheit? Wir stoßen hier auf den Unterschied zwischen *Idee und Begriff.* Was wir zunächst gefunden haben, ist nicht der *Begriff,* sondern die *Idee* der Strafe: dass in der Strafe sittliche Verfehlung durch nach Form und Inhalt zu verantwortendes Übel vergolten werde.

Etwas von dieser Idee aber muss in jeder Strafe lebendig sein, damit wir sie noch als Strafe begreifen. Sonst müssten wir als Strafe z. B. auch das Verhalten des Farmers bezeichnen, der sich die

Strafanzeige in der entfernten Stadt erspart und den seit Monaten bei ihm Obst und Eier stehlenden Tagelöhner kurzerhand zehn Tage einsperrt; und dies vermögen wir in jeder Hinsicht nur als Rache (in Gestalt der „Selbstjustiz") zu betrachten.

„Wer sich vor der Idee scheut, hat auch zuletzt den Begriff nicht mehr" (Goethe). So können wir den Begriff der Strafe nur unter Rückgriff auf ihre Idee bestimmen, etwa so: dass Strafe ist, wo in der Vergeltung eines Verhaltens mit einem Übel der Anspruch sittlicher Missbilligung ausgedrückt erscheint. Es muss also dem Erscheinungsbilde nach der geistige Sinnzusammenhang, den wir zuvor dargetan haben, intendiert sein. Aber auch diesen Begriff müssen wir wohl noch einschränken. Wir brauchen nur an die kleine Erzählung von Ludwig Thoma zu denken, die von dem alten Landstreicher berichtet, der Jahr für Jahr zu Ende Oktober im Lande des Herzogs Karl in der Nähe einiger Gendarmen mit lauter Stimme schrie: „Unser guater alter Herzog Karl ist a Rindviech!" und sich durch solche Majestätsbeleidigung regelmäßig 5 Monate Gefängnis und damit das ersehnte Winterquartier verschaffte. Diese „Strafe" war für ihn keine Strafe – so könnte man sagen; was gemeinhin als Übel empfunden wird, war ihm eine Annehmlichkeit. Trotzdem werden wir sagen, der Landstreicher sei bestraft worden; wir gehen also für den Begriff der Strafe zwar von der Idee der Übelszufügung aus, lassen aber im Einzelfall die Intention des Übels genügen. Wenn nur die Reaktion gemeinhin als Übel angesehen wird, dann reden wir von Strafe auch dort, wo der individuell Betroffene diese Reaktion nicht als Übel erlebt. So sehen wir letzten Endes, dass *die Strafe* als Vergeltung in malam partem *der Idee nach* ein Übel auferlegt in einem Bedeutungszusammenhang, der begründet wird durch die sittlich missbilligenswerte Tat, *auf* die reagiert wird, und durch die in Form und Inhalt sittlich zu verantwortende Art, *in* der reagiert wird; dass aber *die Strafe dem Begriffe nach* sich mit der Intention dieses Übels und mit dem im Erscheinungsbild begründeten Ausdruck jenes Bedeutungszusammenhangs begnügt.

In diesem Begriff unterscheidet sich die Strafe von den sog. Maßregeln der Sicherung und Besserung (wie wir sie in unserem

Strafgesetzbuch z. B. als Einweisung in eine Heil- und Pflege-anstalt, in eine Trinkerheilanstalt[3], oder etwa als Entziehung der Fahrerlaubnis kennen), die – wenn sie auch im Einzelfall ein Übel für den Betroffenen sein mögen – doch nicht ein Übel intendieren und also auch nicht eine missbilligende Reaktion sein sollen. Ferner unterscheidet sich die Strafe von den Beugemitteln aller Art, die allenfalls solange angewandt werden, als der Pflichtige seine Pflicht nicht erfüllt – so bei der Haft, die gegen einen Zeugen zur Erzwingung des Zeugnisses angeordnet wird, oder bei dem polizeilichen Zwangsgeld, mit dessen Auferlegung ein bestimmtes Verhalten des Betroffenen herbeigeführt werden soll, z. B. eine polizeiliche Anmeldung.

Die staatliche Strafe selbst kennen wir in mehrfacher Gestalt: nicht nur als die sog. Kriminalstrafe, die ganz allgemein auf Delikte wie falsches Fahren im Straßenverkehr, Diebstahl und Totschlag reagiert, sondern auch als die Disziplinarstrafe, die nur den trifft, der in einem besonderen Gewaltverhältnis als Beamter oder Soldat steht, oder als die gerichtliche Ordnungsstrafe, die unmittelbar auf Ungebühr bei Gerichtsverhandlungen reagiert. Alle Besonderheiten innerhalb des staatlichen Strafens sind für uns hier aber ohne Bedeutung.

2. Von *Sinn* sprechen wir in mannigfachsten Bedeutungen[53]: „Der Mensch hat fünf Sinne." „Ich hatte etwas im Sinn." „Ich habe keinen Sinn für Musik." „Er ist ganz von Sinnen." „Dieses Wort, dieser Satz hat diesen Sinn." „Er redet sinnloses Zeug." „Eine sinnlose Zerstörung." „Welchen Sinn hat dieses Tun?" „Der Sinn des Lebens." Die meisten dieser Begriffe scheiden für unsere Frage von vornherein aus. Wichtig ist, zu sehen, dass wir nicht nach dem Sinn des *Wortes* Strafe, also nach der Bedeutung von Strafe als Begriff, fragen (das haben wir soeben schon getan und haben den Sinn des Wortes Strafe in der Definition zu erfassen versucht), sondern dass es uns um den Sinn der Strafe geht, so wie andere nach dem Sinn eines Handelns oder dem Sinn der Geschichte oder des Übels in der Welt fragen.

Sehen wir anschauliche Beispiele näher an. Ein Mann erwähnt in einer kurzen Schilderung seines Lebens: „Durch unüberlegte Berufswahl zwei Jahre Ausbildung sinnlos vertan." Ein anderer spricht von seiner langjährigen Kriegsgefangenschaft: je größer der Abstand von jenen Erlebnissen werde, desto mehr empfinde er jene harten Jahre nicht als verloren; er habe damals so viel Zeit gehabt nachzudenken, und sein Leben habe dadurch einen ganz neuen Sinn bekommen. – Solcher Sinn ist nie Sinn an sich, sondern immer Sinn für jemanden: was dem einen sinnvoll ist, mag dem anderen sinnlos sein, und was ich heute als sinnlos erlebe, mag für mich später im Rückblick auf den Gang meines Lebens doch noch einen Sinn bekommen[54]. Sinn zeigt sich als etwas unmittelbar Erlebbares[55]. Sinn oder Mangel an Sinn wird erlebt an jedem denkbaren Geschehen: an Ereignissen, die uns begegnen, so Freude wie Leid, am Zufall in Glück und Unglück, an eigenem und fremdem Handeln.

Was macht den Sinn aus, den wir hier erleben? In oberflächlicher Betrachtung werden Sinn und Zweck oft gleichgesetzt. Aber wir können auch Glück und Leid als sinnvoll erleben, wiewohl sie keinen Zweck haben; und die sehr zweckvolle Zerstörung einer Stadt durch Bomben im Krieg – eine Zerstörung, die den Gegner mürbe machen soll – kann auch für die Ausführenden jedes „vernünftigen" Sinnes entbehren: Sinnlose Zerstörung kann zweckvoll, zweckloses Spiel kann sinnvoll sein.

Wenn wir gleichwohl so oft Zweck und Sinn auch da gleichsetzen, wo wir eigentlich einen gegenüber dem Zweck selbständigen Begriff von Sinn suchen, so ist das nicht von ungefähr. Sagen wir nämlich von einem Handeln, es geschehe zu dem und dem Zweck, so benennen wir damit das greifbare Ziel, zu dessen Erreichung gehandelt wird. Dem Sinne ist nun offenbar auch die Hinordnung eines Geschehens auf ein Ziel wesentlich, jedoch – und das ist der maßgebliche Unterschied – dieses Ziel ist nicht realer, sondern idealer Natur; es bezeichnet offenbar nur die Tatsache, dass wir ein Geschehen als auf die Verwirklichung von geistigen Werten gerichtet erleben, und zwar auf die Verwirklichung objektiver, d. h. als allgemeingültig erlebbarer Werte; und so lässt sich der Unterschied auch darin ausdrücken, dass der (reale) Zweck erreicht und der (ideale) Sinn erlebt wird.

In dieser Weise ist es etwa sinnvoll, einem Menschen in Not zu helfen, einem anderen Freude zu bereiten, das Elend auf der Welt zu mindern. Wir erleben Sinn aber nicht nur in menschlichem Handeln, sondern auch in einem auf uns zukommenden Geschehen, wie im Glück, das uns widerfährt, in Not und Elend, in die wir geraten. Sinnerleben setzt freilich auch hier voraus, dass wir das Geschehen als auf die Verwirklichung objektiver Werte hingeordnet erleben, und wenn wir uns an Worte erinnern wie: „Es gibt keine Lage, die man nicht veredeln könnte durch Leisten oder Dulden", so wird uns deutlich, dass solches Geschick dem von ihm Betroffenen möglich macht, neue Personwerte zu entwickeln und als Persönlichkeit zu wachsen. Wir kennen die „Potenzierung, Erhöhung und Veredelung der Person im Leiden"[56], die dem Leiden selbst einen eigenen Wert zu geben vermag. Hier zeigt sich freilich auch die entschiedene Subjektivität des Sinnerlebens, denn jeder Mensch entwickelt seine eigene Wertstruktur im Handeln und Erleben, die im glücklichen Falle die Persönlichkeit ausmacht. Dann ist Sinn in allem, worin sich ein Mensch auf seine individuellen Persönlichkeitswerte hin entfaltet: in jenem Gefüge von Handeln und Bewähren Tag für Tag, in jenem Wechsel von Anspannung und Entspannung, in dem auch zweckloses Spiel, alle Freude und manches Leid seinen Sinn bekommen kann.

So haben wir den Sinn, um den es offenbar auch in der Frage nach dem Sinn der Strafe geht, begriffen als jenes Phänomen, dass wir ein Geschehen auf die Verwirklichung von Werten hingeordnet erleben – sei es nun eigenes oder fremdes menschliches Handeln, sei es irgendein zweckfreies Ereignis; sei das Erlebnis ein unmittelbar anschauliches, sei es ein in Besinnung gegründetes: Sinn ist als erlebte Hinordnung auf geistige Werte immer Sinn für jemanden, und die Frage nach dem Sinn eines Geschehens kann also nur insoweit objektiv-allgemein gestellt werden, als die Werte, deren Verwirklichung intendiert erscheint, als objektiv-allgemein erlebt gedacht werden.

B. Folgerungen für die Frage nach dem Sinn der Strafe

Nach der wenn auch nur umrisshaften Klärung des Sinnbegriffes können wir auf die Frage nach dem Sinn der Strafe keine einheitliche Antwort mehr erwarten. Wir werden daher schon die Frage differenzierter zu stellen haben, als dies gemeinhin geschieht.

Diese Differenzierung muss zunächst schon in der *Terminologie* berücksichtigt werden. Danach kann die Frage nach dem Sinn der Strafe einmal auf die objektiv-allgemeine *Sinnhaftigkeit* gerichtet sein; sie ist auf die strafende Gemeinschaft, also auf ein Kollektiv-Subjekt, bezogen; sodann kann die Frage auf das individuelle *Sinnerleben* gerichtet sein, das jeder einzelne am Vorgang des Strafens Beteiligte haben kann. Und auch bei der Frage nach dem Zweck der Strafe ist zwischen Objektiv-Allgemeinem und Subjektiv-Besonderem zu unterscheiden. Einmal ist es die Frage nach der *Zweckhaftigkeit* des Strafens; sie bezieht sich auf objektiv erreichbare Ziele dieses Strafens; und sodann ist es die Frage nach dem *Zweckbewußtsein* des einzelnen Handelnden; als individuelles seelisches Erlebnis ist es jeweils auf sein Handeln bezogen und wird allein durch seine Vorstellungen vom Erreichbaren bestimmt.

Die Frage nach der objektiv-allgemeinen Sinnhaftigkeit des Strafens ist zugleich die nach dem *Recht zur Strafe:* ob also das Gemeinwesen überhaupt das Recht habe, einzelnen Menschen in der Strafe ein Übel aufzuerlegen (– oder ob es nicht vielmehr geboten sei, dieses Strafen ganz einzustellen).

Und bei der Frage nach dem individuellen Sinnerleben sind wiederum mannigfache Unterschiede zu machen, und zwar aufgrund der unterschiedlichen Art, in der diese Personen am Strafvorgang beteiligt sind. Die einen haben durch ihr Handeln unmittelbaren Anteil am staatlichen Strafen: Sie ordnen in der Rolle des Gesetzgebers gewisse Strafen allgemein an, sie betreiben als Polizisten und Staatsanwälte die Bestrafung im Einzelfall, sie bemessen und verhängen als Richter die einzelne Strafe, sie vollziehen als Strafvollzugsbeamte die Freiheitsstrafe. Andere haben an der Strafe den Anteil des Erduldens: der Bestrafte selbst und seine Angehörigen. Und wieder andere erleben das staatliche Strafen mit mehr oder weniger großer Anteilnahme zuschauend mit: die Gesellschaft und vor allem der von der Straftat Verletzte.

Auch die Anschaulichkeit des Sinnerlebens ist verschieden, je nachdem, worauf am staatlichen Strafen die Sinnfrage gerichtet ist: Richtet sie sich allgemein auf das Ganze des staatlichen Strafens, also auf die Institution dieses Strafens als solche, so kommt uns dieses Ganze nur durch Besinnung in den Blick und auch der Sinn dieses Ganzen lässt sich nur durch Besinnung vergegenwärtigen; und hierbei kommt es wieder darauf an, ob das Strafen in der Richtung auf den Bestraften oder in der Richtung auf die Gesellschaft gesehen wird. Geht es dagegen um das Erleben einzelner Geschehensabschnitte am Strafvorgang, so gibt die unmittelbare Anschaulichkeit den Ausschlag: Sinn oder Sinnlosigkeit drängen sich hier meist aus der Spontaneität persönlichen Werterlebens unmittelbar auf, und die Besinnung kann allenfalls das zunächst Gefühlte korrigieren.

Versuchen wir also zu differenzieren zwischen der Einrichtung des staatlichen Strafens als solcher und den einzelnen Stationen dieses Strafens (nämlich dem Straf-Androhen, -Verfolgen, -Verhängen, -Vollstrecken, wozu auch das -Vollziehen gehört), so ist zuerst zu fragen nach der Sinnhaftigkeit der Institution des Strafens, sodann nach den Sinnerlebnissen, die den Handelnden, den Betroffenen und den Miterlebenden möglich sind. Dabei ist offensichtlich, dass, soweit es um die Einrichtung des Strafens überhaupt geht, die Fragen der richterlichen *Strafzumessung* ganz außer Betracht zu bleiben haben[57]. Strafzumessung setzt ja voraus, dass überhaupt gestraft wird; die Frage der Strafzumessung gehört allenfalls in den Bereich, in dem das richterliche Werterleben bei der Strafverhängung erfragt wird. (Vgl. unten S. 106 ff.)

V. DER SINN DER STRAFE

A. Der Sinn des Strafens für die strafende Gemeinschaft

Da Sinn immer Sinn ist für jemanden, lässt sich die allgemeinste Frage, ob staatliches Strafen überhaupt Sinn habe, richtig nur stellen unter der Annahme eines Kollektivsubjekts, für das dieser Sinn gegeben sein könnte. In Betracht kommt hier nur die strafende Gemeinschaft selbst, und zwar eine Gemeinschaft, die die Zeichen der geistigen Situation der Gegenwart und unseres Kulturbereichs trägt.

Da diese allgemeine Sinnfrage nicht das unmittelbare Sinnerleben des Einzelnen zum Gegenstand hat, setzt die Antwort gründliche Besinnung voraus: Es gilt, alle Seiten des staatlichen Strafens zu erfassen, und zugleich zu bedenken, dass es nicht um den Sinn eines von außen kommenden Erlebens geht, sondern um den Sinn eigenen Handelns der Gemeinschaft. Das schließt nach allem, was den Begriff des Sinns ausmacht, die sittliche Begründung dieses Handelns ein; denn Sinn kann im Handeln nur gefunden werden, wo objektive Werte, die hier sittliche Werte sind, verwirklicht werden. Ist es sinnvoll, dass wir strafen? heißt also zugleich: Können wir Strafe verantworten? Gelingt es, diese allgemeinste Sinnfrage zu beantworten, so zeigt sie den Sinn freilich nicht nur für jenes gedachte Kollektivsubjekt, sondern erlebbaren Sinn für jeden, der sich auf das Ganze des staatlichen Strafens besinnt und dieselben Werte erlebt, die hier zugrunde gelegt werden.

Die Antwort ist durch die herkömmlichen Straftheorien vorbereitet worden; wir werden also unser Überlegen an sie anknüpfen.

I. Kritik der Straftheorien

1. Kritik der absoluten Theorien

a) Die Gerechtigkeitstheorie

Schon die Klärung des Begriffes der Strafe hat gezeigt, dass so übliche Ausdrücke wie „Vergeltungstheorie", „Vergeltungsidee", „Prinzip der Vergeltungsstrafe" nicht weiterführen, wenn man darunter nur versteht, Strafe habe den „Zweck der Vergeltung". Denn Strafe ist schon dem Begriffe nach Vergeltung, und so lässt sich also vernünftig nur danach fragen, wozu oder mit welchem Sinn wir denn in der Strafe Übles mit Üblem vergelten. Mit „Vergeltungstheorie" ist denn auch in der Regel eine Theorie der gerechten Vergeltung gemeint, und das soll wieder bedeuten: dass wir um der Gerechtigkeit willen strafen. Man redet also besser von „Gerechtigkeitstheorie" als von Vergeltungstheorie, nach ihr dient die Strafe nur der Gerechtigkeit, sie soll Gerechtigkeit auf Erden herstellen.

In dieser Weise ist es die zweckfreie, „absolute" Strafe, da in ihr unmittelbar sittliche Werte verwirklicht werden. Wenn auch hier von einem Zweck des Strafens gesprochen wird: „dass Schuld ausgeglichen werde" oder „dass jedermann widerfahre, was seine Taten wert sind", so ändert dies nichts an der „Absolutheit" dieser Theorie[58]. Denn sowenig aus dem („absoluten") sittlichen Wert der Barmherzigkeit etwas („relativ") Zweckhaftes wird, wenn wir etwa über die Fürsorge für einen Armen sagen, sie geschehe um der Barmherzigkeit willen, oder: dass Barmherzigkeit auf Erden herrsche, sowenig wird die Strafe zweckhaft gesehen, wenn wir sagen, sie werde um der Gerechtigkeit willen verhängt. Die Gerechtigkeit ist hierbei als unmittelbar verpflichtender sittlicher Wert gesehen, nicht anders als dort die Barmherzigkeit; beide Begriffe bezeichnen nur die Wertaspekte, unter denen wir uns zum Handeln entschließen.

Dies wäre also der Sinn der Strafe: Gerechtigkeit zu üben, und zwar handelte es sich hierbei um die sog. justitia commutativa, die ausgleichende Gerechtigkeit (dass die Übeltat mit dem Strafübel wieder ausgeglichen werde). Nun wissen wir zwar, dass die Strafe im Laufe der Jahrhunderte manche Delikte sehr unterschiedlich ausgeglichen hat: ein nicht zu geringer Diebstahl, im 18. Jahrhundert noch mit dem Tode bestraft, wird heute regelmäßig nur mit Freiheitsstrafe geahndet[4]; es bedarf nicht weiterer Beispiele. Aber dies spricht nicht gegen die Gerechtigkeitstheorie, denn die Gerechtigkeit gibt kein absolutes Maßprinzip durch alle Zeiten, jedenfalls nicht die Idee der irdischen Gerechtigkeit; vielmehr ist für jede Zeit in der Geschichte gerecht, was sie als gerecht erlebt. (Vgl. hierzu die Äußerungen Hegels, oben S. 23 ff.).

Gleichwohl bleibt die Frage, ob wir denn wirklich um der Gerechtigkeit willen strafen. Man kann hier schwerlich etwa mit anderen sittlichen Forderungen vergleichen: Barmherzigkeit zu üben, die Wahrheit zu sagen, treu zu sein, Vertrauen zu schenken usw., denn diese Pflichten treffen unmittelbar den Einzelnen, wogegen es hier bei der Strafe um eine Aufgabe des staatlichen Gemeinwesens geht. Und wo der Einzelne zu strafen hat: nämlich als Erzieher von Kindern und Jugendlichen, da geschieht dies ganz offensichtlich nicht um der Gerechtigkeit willen, sondern im Hinblick auf das Ziel der Erziehung, und jeder wahre Erzieher wird wissen, auf wie viel näher er im Einzelfall einmal seinem Ziel kommen kann, wenn er, ohne zu strafen, verzeiht oder auch den Fehltritt gar nicht beachtet. Eine etwaige Pflicht aber des Einzelnen, zum staatlichen Strafen beizutragen durch Anzeigen von Verbrechen, durch die Aussage als Zeuge oder durch Mitwirken als Richter u. dgl. kann ja erst dann in Betracht kommen, wenn solches Strafen zuvor als Gemeinschaftsaufgabe erkannt ist.

Erleben wir es also – dies ist die Frage – in jener Zweckfreiheit als Aufgabe des staatlichen Gemeinwesens, den Rechtsbrecher um der Gerechtigkeit willen zu strafen, wie etwa – bei aller Unterschiedlichkeit der Sachverhalte – die Glieder religiöser Gemeinschaften die Erfüllung bestimmter, religiös begründeter Pflichten zweckfrei als geboten erleben? (So erleben es z. B. die christlichen Gemeinden als Pflicht, die Kinder zur Taufe zu bringen, die Ehen kirchlich zu schließen u. dgl.) Versuchen wir, die Phänomene staatlichen Strafens – ebenso bedingungslos wie jene religiösen aus ihren Wertaspekten – aus dem Gebot zu begreifen, der Staat müsse in der Strafe für Gerechtigkeit sorgen, so dürfen uns freilich die Einschränkungen nicht stören, die sich lediglich aus der menschlichen Unzulänglichkeit für die Verwirklichung dieses Wertes ergeben. Man darf hier also vor allem die ernsthaft anzunehmenden, erschreckend hohen „Dunkelziffern" nicht anführen, in denen sich im Ergebnis eine grandiose Ungerechtigkeit staatlichen Strafens ausdrückt, deretwegen man schon von einem „Lotteriespiel der Strafausteilung" gesprochen hat; schätzt man doch z. B. auf einen bestraften zwanzig unbestrafte Diebstähle, auf eine bestrafte hundert oder mehr unbestrafte Abtreibungen, auf ein bestraftes Aussagedelikt ähnlich viele unbestrafte derartige Delikte der Falschaussage, ja sogar auf ein bestraftes vorsätzliches Tötungsdelikt wenigstens drei bis fünf unbestrafte vorsätzliche Tötungsdelikte.

Unbestraft bleiben diese vielen Rechtsbrüche, weil sie ganz verborgen bleiben oder sich jedenfalls nicht nachweisen lassen. Soweit nun diese Verbrechens-Dunkelziffern auf der Unzulänglichkeit menschlicher Erkenntnis beruhen, lässt sich die darin liegende Ungerechtigkeit staatlichen Strafens nicht gegen die Gerechtigkeitstheorie anführen, da die praktische Unerreichbarkeit von Idealen nichts dagegen sagt, dass sich menschliches Handeln gleichwohl auf diese Ideale ausrichtet. Allenfalls ließe sich sagen, man müsste mehr Kräfte für die Strafverfolgung einsetzen und die Dunkelziffern durch intensivere Verbrechensermittlung herabsetzen, wenn es dem Gemeinwesen mit der Gerechtigkeit so ernst wäre, wie es die Gerechtigkeitstheorien darstellen.

Aber lassen wir diese Bedenken beiseite: Es finden sich im geltenden Strafrecht – und nicht nur im deutschen – Regeln, die zeigen, dass wir der Forderung der Gerechtigkeit nicht einmal dort immer genügen, wo wir sie durchaus erfüllen könnten. So bestrafen wir nach deutschem Strafrecht das versuchte Delikt z. B. bei Sachbeschädigung, Diebstahl und Totschlag, nicht aber bei leichter Körperverletzung, Freiheitsberaubung[5] und Untreue. Wir bestrafen die fahrlässige Körperverletzung und den fahrlässigen Falscheid, nicht aber die fahrlässige Sachbeschädigung und die fahrlässige uneidliche Aussage.

Wir machen recht oft die Bestrafung davon abhängig, dass der Verletzte oder sonst ein Berechtigter – aus was für Gründen auch immer – einen Strafantrag stellt (so bei Beleidigung, Verführung[6], Sachbeschädigung). Wir lassen den Diebstahl unter Ehegatten immer straflos[7], bestrafen dagegen auf Antrag des Verletzten Betrug und Untreue unter Ehegatten. So findet sich eine ganze Reihe von Unterschieden in Strafrechtsfolgen, für die der mit der Materie Vertraute gewiss meist gute Gründe anzuführen weiß; nie aber sind es Gründe der Gerechtigkeit des Strafens, sondern eben solche, die uns die Ungerechtigkeiten hinnehmen lassen.

Auch sonst verzichten wir oft darauf, zu strafen und also jedermann widerfahren zu lassen, „was seine Taten wert sind". Sehr oft werden auch bei uns (wie in ähnlicher Weise schon lange mancherorts im Ausland) seit 1953, und zwar schon durch den richterlichen Beschluss selbst (und nicht etwa erst durch nachträglichen Gnadenakt), verhängte Freiheitsstrafen von zunächst bis 9 Monaten, seit kurzem sogar bis zu zwei Jahren, nicht vollstreckt, sondern zur Bewährung ausgesetzt; das führt oft zum völligen Wegfall der Strafe, mag sie auch noch so gerecht verhängt worden sein. Seit langem kennen wir ferner das Rechtsinstitut der Verjährung von Strafverfolgung und -vollstreckung: So wird nach geltendem deutschen Strafrecht nicht mehr bestraft, wer durch Diebstahl sich noch so viel Geld und Gut verschafft hat, wenn die Tat erst 5 Jahre nach ihrer Begehung aufgedeckt wird und nun erst die Verfolgung des Täters beginnen könnte; und auch der Mörder bleibt straflos, dem es gelungen ist, seiner Tat 30 Jahre hindurch den Anschein eines Selbstmords oder Unfalltodes des Opfers zu geben[8]. Im Übrigen gibt es eine ganze Reihe von prozessrechtlichen Bestimmungen, nach denen ein Strafverfahren aus Gründen der Prozessökonomie oder der Staatsraison eingestellt werden kann (so insbesondere im Falle einer Reihe politischer Delikte, „wenn die Durchführung des Verfahrens die Gefahr eines schweren Nachteils für die Bundesrepublik Deutschland herbeiführen würde oder wenn der Verfolgung sonstige überwiegende öffentliche Interessen entgegenstehen". § 153c der Strafprozessordnung)[9].

Besinnen wir uns schließlich noch darauf, dass wir so viele Untaten schon von vornherein gar nicht mit Strafe bedrohen! Gewiss: wir bestrafen Mord und Totschlag, Raub und Diebstahl und vieles andere. Aber findet sich denn Bosheit auf Erden nur in den Untaten, die unsere Strafgesetze beschreiben? Schon innerhalb der Rechtsordnung gibt es viele Rechtsbrüche, die keine Strafe zur Folge haben, z. B. die Verletzung vertraglicher Pflichten, durch die der Berechtigte oft mehr als durch einen Diebstahl geschädigt wird (und gar oft, ohne seinen Schaden je ersetzt bekommen zu können, weil dem Schädiger die Mittel zur Ersatzleistung fehlen). Und wo ist sonst nicht die Fülle der Bosheit und Niedertracht, die wir durchweg ohne Strafe lassen: seelische Zermürbung in Ehen und Familien, wodurch manches Leben zu einem einzigen Unglück wird; Erbschleicherei und überhaupt allerlei materieller Egoismus unter Verwandten, deren eine sich auf Kosten der anderen bereichern; Treulosigkeit und Unwahrhaftigkeit unter Freunden, Gehässigkeit von Lehrern gegen ihre Schüler, Ungerechtigkeit von Prüfern, Ämterpatronage bei Beamten – ginge es uns im staatlichen Strafen darum, die Gerechtigkeit auf Erden herzustellen, dann müssten wir auch all dies wie den kleinen Diebstahl und die Sachbeschädigung bestrafen. Aber wo kämen wir hin mit solcher Allesstraferei? Schon indem wir die Frage stellen, wird uns klar, dass der Staat niemals um der Gerechtigkeit willen bestraft und kaum jemandem auf Erden widerfährt, was seine Taten wert sind; und so vertrösten sich denn auch viele Menschen mit der Hoffnung, dass wenigstens in einer Welt nach dem Tode eine vergeltende Gerechtigkeit herrsche, die weder durch menschliche Unzulänglichkeit noch durch Verjährung und allerlei sonstige bewusste Grenzziehungen eingeschränkt sein werde.

Die Phänomene des staatlichen Strafens zeigen also aufs deutlichste, dass wir nicht um der Gerechtigkeit willen strafen. Das heißt nun aber nicht, dass sich Gesetzgeber und Richter in der gesetzlichen Festsetzung der Strafe und der Bestimmung des Strafrahmens bzw. in der Strafzumessung im einzelnen Strafurteil nicht um Gerechtigkeit bemühten. Aber wenn wir genau zusehen, so zeigt sich auch hier, wie schematisch die Gerechtigkeit ist, die staatliches Strafen leitet. Wollten wir wirklich gleich schwere Übeltaten mit gleich schwerem Übel vergelten, so müssten wir die Strafe doch wohl danach bestimmen, wie schwer den Bestraften das Übel trifft: die Freiheitsstrafe den Beamten und den Tagelöhner, die Mutter mehrerer kleiner Kinder und die junge ledige Verkäuferin, den empfindsamen und den robusten Charakter, den Phlegmatiker und den tatkräftigen Draufgänger usf. Und selbst wenn die Geldstrafe nach dem Vermögen des Bestraften unterschiedlich bemessen wird, kann es sein, dass den Reichen der Verlust von 10 000 Mark weniger schmerzt als den Armen der von 100 Mark. So begnügen wir uns mit einer weitgehend schematischen Gerechtigkeit, wenn sie nur sozusagen nach außen als erträglich erscheint; schon im Begriff der Strafe hat sich ja gezeigt, dass wir als Übel nur auferlegen, was gemeinhin als solches gilt. Und andere Ungerechtigkeiten lassen sich oft aus den einfachsten Gegebenheiten heraus nicht vermeiden, so etwa jene nicht, dass lebenslängliche Einsperrung für den 25jährigen Mörder so viel länger währen kann als für den 75jährigen.

Alle unsere Überlegungen zeigen, dass wir das staatliche Strafen nicht als ein Handeln begreifen können, das um der Gerechtigkeit willen geschieht. Die Phänomene, denen wir in der Wirklichkeit des Strafens begegnen und die wir vielfach nicht einmal dort korrigieren wollen, wo wir es könnten, widersprechen jeder Gerechtigkeitstheorie als absoluter Strafauffassung. Zu fragen ist nach dem Grund, dass gleichwohl diese Theorie so weithin bejaht wird – jedenfalls gerade in der deutschen Strafrechtslehre. Wir Deutschen haben wohl eine besondere Neigung zum idealisierenden Pathos, und die Gerechtigkeit hat offenbar hier ihren Platz mit an erster Stelle („Gerechtigkeit: Eigenschaft und Phantom der Deutschen", sagt Goethe nicht ohne Grund). Kommen Theorie und System noch zu Hilfe, finden sich gar so eindrucksvolle und zeitlose Formulierungen wie die Kants und Hegels, dann verzichten wir gern auf unbefangene Betrachtung der Phänomene. – Dazu kommt, dass die Suche nach Gerechtigkeit ganz der Sache gemäß wesentlicher Inhalt aller Rechtsanwendung ist: Von der Auslegung der Gesetze bis zur Bemessung der einzelnen Strafe leitet die Verantwortlichen die Idee der Gerechtigkeit, und der Ausgang jedes einzelnen Strafverfahrens befriedigt weithin erst, wenn er als gerecht erlebt wird. So ist es nicht verwunderlich, dass man die Richter und der Richter sich selbst – im Bewusstsein größerer Würde und vielleicht auch ein wenig mit dem Gefühl, dass das Amt so leichter zu tragen sei – beauftragt sehen möchte, um der Gerechtigkeit willen zu strafen und damit gar an der Ausübung göttlicher Gerechtigkeit teilzuhaben.

Aber alle Gerechtigkeitssuche im je einzelnen Strafen setzt voraus, dass das Gemeinwesen zuvor dazu entschlossen ist, überhaupt auf Verbrechen mit Strafe zu reagieren oder an dieser herkömmlichen Reaktion festzuhalten. Die nüchterne Betrachtung der Phänomene des Strafens zeigt, dass wir diesen Entschluss – jedenfalls heute! – nicht als Ausdruck unseres Gerechtigkeitsstrebens verstehen können. Und nur darum kann es bei unserer Fragestellung gehen: die Phänomene des geistigen Lebens der Gegenwart festzustellen und vorbehaltlos zu analysieren, und nicht etwa darum: einen Sinn des staatlichen Strafens zu konstruieren, der sich zwar sehen lassen kann und das Gewissen der Strafenden zu beruhigen geeignet ist, der aber die Realitäten verfehlt. –

Mit der Gerechtigkeitstheorie ist freilich nicht die absolute Straftheorie im Ganzen schon verworfen. Wird doch die staatliche Strafe auch dahin verstanden, dass wir in ihr dem Übeltäter Sühne zu ermöglichen unmittelbar sittlich verpflichtet seien.

b) Die Sühnetheorie

Häufig ist davon die Rede, die Strafe solle „gerechte Sühne" für das Verbrechen sein, und meistens ist dabei mit „Sühne" kein anderer Begriff gemeint als der der Vergeltung in malam partem (der Vergeltung des Übels mit einem Übel), den wir schon aus dem Begriff der Strafe und von der Gerechtigkeitstheorie her kennen.

„Das muss er sühnen" bedeutet hier: das wird ihm vergolten; „Sühne für eine Mordtat" bedeutet dann: Strafe für eine Mordtat. Aber Sühne hat auch ganz andere Bedeutung (und vielfach wird sie für die einzige gehalten, wobei man die Gleichsetzung von Sühne mit Vergeltung zu beklagen pflegt[59]). Im Mittelhochdeutschen verstand man unter „suone" Urteil, Gericht, Friede, Versöhnung; und die Wortsippe bedeutete „still machen", in diesem Sinne findet man heute als Bedeutung von Sühne angeführt: „die Wiedergutmachung, der Ersatz für begangenes Unrecht, mit dem Ziel, die insbes. göttliche Rache abzuwenden, den Beleidigten zu versöhnen und die zerstörte Ordnung wiederherzustellen"[60]. So sprechen wir von „Sühneleistung" vor allem da, wo wir sagen wollen, dass jemand ein Leiden auf sich genommen und sich dadurch mit sich selbst, mit Gott und der Welt versöhnt habe. Es ist also mit „Sühne" hier etwas unmittelbar sittlich Wertvolles, eine sittliche Leistung des Sühnenden begriffen[61].

In dieser Bedeutung nun findet sich „Sühne" in jener absoluten Strafauffassung, die wir oben (S. 25 f.) kennen gelernt haben und die den Sinn der Strafe für die strafende Gemeinschaft darin sieht, dass in ihr dem Übeltäter die Möglichkeit der Sühne und damit der Versöhnung gewährt werden müsse. Wie bei der Gerechtigkeitstheorie, so ist auch hier die Frage, ob diese Auffassung mit den Phänomenen unseres staatlichen Strafens übereinstimmt.

Hier ist zunächst festzustellen, dass eine Strafe, die die Sühne als sittliche Leistung aus dem freien Willen des Übeltäters ermöglichen soll, konsequenterweise wohl nur dann auferlegt werden dürfte, wenn der Täter sie begehrt (sei es, dass er sich selbst dem Strafrichter stellt, sei es, dass er nach der Verurteilung einsichtig die Vollstreckung begehrt). Aber auch dann, wenn man sich über dieses Bedenken hinwegsetzt und glaubt, wir müssten dem Täter wenigstens die Situation aufzwingen, die er nur noch als Sühne zu bejahen braucht – auch dann bleibt höchst fragwürdig, dass es gerade das staatliche Gemeinwesen sein sollte, das für den Bereich sublimster Sittlichkeit des Einzelnen bestimmt, wann eine derart entsühnungsbedürftige Tat vorliegt und wann die Sühnemöglichkeit aufgezwungen wird. Manche Momente unseres staatlichen

Strafens, die gegen die Gerechtigkeitstheorie sprechen, sind auch hier zu nennen: Wie kommt es, dass wir bei manchen Delikten dem Täter die Sühnemöglichkeit schon bei Versuch und bei fahrlässiger Begehung gewähren, bei anderen nicht? Wie kommt es, dass wir bei manchen Delikten das Sühnebedürfnis des Täters für nichts achten, wenn der Verletzte keinen Strafantrag stellt? – oder überhaupt wenn die Strafverfolgung verjährt ist? Ja, dass wir bei manchen Delikten von Strafverfolgung absehen, wenn kein „öffentliches Interesse" gegeben ist? Wie verträgt sich der Grundsatz „nulla poena sine lege" (keine Strafe ohne Gesetz) mit dem Gewähren der Entsühnungsmöglichkeit für den Täter, der vielleicht gerade eine Untat, die nicht im Strafgesetzbuch verzeichnet ist, als besonders belastend erlebt? Nimmt man die Begriffe Sünde und Sühne auch nur einigermaßen ernst, so erscheint es geradezu als anmaßend, dass das strafende Gemeinwesen bestimmt, wann einem Mitmenschen die Möglichkeit der Entsühnung zu gewähren oder aufzuzwingen ist und wann nicht. Und wenn die aufgezwungene Sühnemöglichkeit solch eine Wohltat wäre, dann müssten wir auch als Einzelne das dringliche sittliche Gebot erleben, unserem jeweils Nächsten diese Wohltat zu erweisen und ihn den Strafgerichten zuzuführen. (Der junge Plato sah die Dinge ja wirklich so und meinte, man müsse seine Freunde wie in einer Krankheit zum Arzt, so im Falle unrechten Tuns vor den Richter bringen.) Aber man wird heute lange suchen müssen, bis man jemanden findet, der seine Angehörigen und Freunde aus Nächstenliebe vor Polizei und Gericht einer Straftat bezichtigt oder der ein schlechtes Gewissen hat, wenn er es nicht tut; und hieran zeigt sich, wie wenig die Sühnetheorie den geistigen Phänomenen der Gegenwart entspricht. Ja wir halten es sogar für ganz sachgerecht, dass unsere Strafgesetze die sog. persönliche Begünstigung eines Angehörigen straflos lassen, – d. h. dass derjenige, der tätig wird, um einen Angehörigen nach Begehung einer Straftat der Strafe zu entziehen, nicht bestraft wird, obwohl die Begünstigung sonst unter Strafe steht (§ 257 Abs. I und II StGB)[10]; und ebenso leuchtet es ein, dass die Falschaussage vor Gericht milder beurteilt wird als im Ausgangsfalle (– ja u. U. sogar straflos bleibt), „wenn der Täter die Unwahrheit gesagt hat, um von einem Angehörigen oder von sich selbst die Gefahr einer gerichtlichen Bestrafung abzuwehren" (§ 157 StGB). Diejenigen, die dem Rechtsbrecher nahe stehen und sein Heil darin sehen, dass er die Strafe für einen Rechtsbruch auf sich nehme, werden ihn allenfalls zu bewegen suchen, selbst hinzugehen und sich als schuldig zu bekennen.

Alle diese Überlegungen zeigen, dass sich das staatliche Strafen, von allen Seiten betrachtet, nicht dahin begreifen lässt, dass es um der sittlichen Leistung der Sühne des Übeltäters willen geschehe. Wer diese Begriffe ernst nimmt, kann den Sinn des so stark nach außen gerichteten Strafens nicht in dieser auf sublime sittliche Leistung abstellenden Weise verstehen; und man fragt sich nur, woher gleichwohl die Sühnetheorie so vielfach bejaht wird.

Wie bei der Gerechtigkeitstheorie sind es auch hier die großartigen Einsichten, die wir philosophischer Besinnung verdanken und die dazu verführen, dass wir sie dem Ganzen des Strafens zugrunde legen, zumal da sie geeignet sind, auch das Gewissen der Strafenden – zu denen wir alle gehören – so sehr zu erleichtern im Gefühl, man tue dem Übeltäter eine Wohltat. Es ist vor allem der Satz aus Hegels Rechtsphilosophie, der regelmäßig[62] für die Sühnetheorie angeführt wird und nach dem in der Strafe „der Verbrecher als Vernünftiges geehrt" wird. Darin liegt die Erkenntnis, dass wir in der Strafe die sittlich-geistige Verfehlung dessen treffen, der als vernünftiges Wesen (im Unterschied zum Geisteskranken und gar zum Tier) die Geltung der sittlichen Werte selbst mitträgt. So sagt auch Nicolai Hartmann ganz richtig, dass der Schuldige ein Recht auf das Tragen seiner Schuld habe und dass er mit der Schuld das größere sittliche Gut, nämlich sein Menschentum, preisgebe – ferner, dass der, der den Schuldigen entschuldige, sich zuinnerst an ihm vergehe, da er ihm die Zurechnungsfähigkeit abspreche[63].

Mag also der Gedanke von der Ehrung des Verbrechers in der Strafe sein Recht haben und einen Sinnaspekt der Strafe ausmachen, so darf man ihn doch nicht zur Grundlage des ganzen Strafens machen, will man nicht alles Richtige ins Falsche verkehren. Müssen wir denn wirklich um dieser Ehrung willen strafen und also in der Strafe unmittelbar die Zufügung einer Wohltat sehen? Wenn es uns nur um die Ehrung des Verbrechers ginge, dann könnten wir ihm ja auch *verzeihen* wodurch wir die Schuld nicht leugneten wie beim Entschuldigen (etwa in dem üblichen Sinne, der Verbrecher könne ja nichts dafür...), sondern sie gerade voraussetzten, aber durch einen wirklichen Akt der Nächstenliebe aus der Welt schafften.

So zeigt sich: Die Sühnetheorie ist nicht geeignet, die Frage nach dem Sinn des Strafens als einer Einrichtung des staatlichen Gemeinwesens zu beantworten; sie geht vielmehr von der bereits verhängten Strafe aus und versucht, sich an die Stelle des Bestraften zu setzen und in dieser Strafe, die als Übel auferlegt ist, möglichst viel Sinn zu sehen. So ist es nicht von ungefähr, dass gerade solche Leute oft den Sühnegedanken aufgreifen, die sich besonders um das Seelenheil ihrer Mitmenschen bemühen und die den von irgendeinem Übel Betroffenen – sei es nun Krankheit, seelische Not aller Art oder eben Strafe für einen Rechtsbruch – den Weg zu einem Sinnerleben eröffnen möchten[64]. So wird besonders von christlich-theologischer Seite der Sühneaspekt der Strafe aufgegriffen, – allerdings dann meist in einer Sicht, die den Sühnegedanken dem Strafen als Institution unterschiebt und die damit den Phänomenen des Strafens in der Gegenwart nicht mehr gerecht wird.

Alle absoluten Theorien scheinen immer nur die *verhängte* Strafe zu sehen und zu versuchen, sie möglichst sinnvoll zu sehen – sei es vom Standpunkt des Richters, der nach Gerechtigkeit strebt, sei es vom Standpunkt des Bestraften, der im glücklichsten Fall den Sinn der Strafe in der Sühne zu finden vermag. Eine Grundlage für den Sinn des Strafens im Ganzen lässt sich jedoch aus solchen partiellen Sinnerlebnissen, wie die vorurteilsfreie Betrachtung erweist, nicht gewinnen. Die Frage, welchen Sinn es hat, dass wir überhaupt strafen, lässt sich eben nur angemessen beantworten, wenn man auch die nicht verhängten Strafen in die Betrachtung einbezieht, d. h. wenn man fragt, welchen Sinn es hat, dass wir in vielen Fällen von vornherein keine Strafe androhen oder doch keine verhängen, in denen wir nach den absoluten Theorien auch

Strafen verhängen müssten. Erst dann ist das Strafen im Ganzen Gegenstand der Frage, die notwendig vor der Betrachtung der Teilaspekte der Strafe und der entsprechenden Sinnerlebnisse zu beantworten ist.

Wenden wir uns nunmehr den relativen Theorien zu.

2. Kritik der relativen Theorien

a) Die Theorie der Generalprävention

Es ist das eigentümliche Schicksal dieser Theorie, auf den ersten Blick so einleuchtend zu sein und doch so weithin abgelehnt zu werden. Sie geht im Gegensatz zu den absoluten Theorien von einer ganz realen Zweckhaftigkeit der Strafe aus: dass die Strafe nämlich geeignet sei, durch allgemeine Abschreckung Verbrechen zu verhindern. Da wir alle von Kind auf erzieherisches Drohen kennen und uns oft genug dadurch in unserem Verhalten haben bestimmen lassen, scheint es in der Tat nahe zu liegen, dass auch das staatliche Gemeinwesen durch solch ernstliches Drohen Untaten zu verhüten sucht.

Aber da finden sich die sittlichen Bedenken, die vor allem Kant ausgedrückt hat und die sich darauf beziehen, dass man nach dieser Auffassung den einen bestrafe, damit andere nichts Unrechtes tun, dass man also einen Menschen als Mittel zum Zweck benutze: „Richterliche Strafe ... kann niemals bloß als Mittel, ein anderes Gute zu befördern ... verhängt werden ...; denn der Mensch kann nie bloß als Mittel zu den Absichten eines anderen gehandhabt und unter die Gegenstände des Sachenrechts gemengt werden, wowider ihn seine angeborene Persönlichkeit schützt", sagt – viel zitiert (und auch in dieser Schrift schon oben S. 22) – Kant[65]. Hegel sah es nicht viel anders: Der Verbrecher werde in der Strafe nicht als Vernünftiges geehrt, „wenn aus seiner Tat selbst nicht der Begriff und der Maßstab seiner Strafe genommen wird – ebenso wenig auch, wenn er nur als schädliches Tier betrachtet wird, das unschädlich zu machen sei, oder in den Zwecken der Abschreckung und Besserung." [66] Wohl als Ausdruck dieser Bedenken lesen wir heute über die Generalprävention, sie werde „wohl nirgends mehr als maßgeblicher Rechtfertigungsgrund der Strafe vertreten". [67] Und sogar in einem in Kalifornien erschienenen modernen Grundriss des Strafrechts, der kaum ein paar Sätze über die Straftheorien enthält, wird die Abschreckungstheorie mit dem kurzen Satz als unbrauchbar abgetan, sie bestrafe den einen für das Wohlergehen der anderen[68].

Aber auch aus psychologischer Sicht wird heute die „Abschreckungstheorie" abgelehnt. So wird über sie gesagt: „Ihre Unrichtigkeit ist evident. Jedenfalls die Hoffnung ist illusorisch, man könnte durch Steigerung oder Vermehrung der Strafdrohungen die Kriminalität jemals ausrotten oder auch nur ernstlich zurückdrängen. Die Grundannahme, auf die diese Hoffnung sich stützt, trifft nicht zu. Der Entschluss zum Verbrechen kommt zumeist nicht in Form eines vernünftigen Abwägens der Gründe pro und contra zustande, und wo einmal vor Begehung der Tat ein Kalkül stattfindet, dort kalkuliert der Täter nicht mit der Höhe der Strafe, sondern mit der Gefahr der Entdeckung." [69]

Es ist jedoch sehr fraglich, ob man mit diesen Gründen ein generalpräventives Verständnis des staatlichen Strafens ablehnen kann. Hat man hier nicht allzu sehr die einzelne *begangene* Tat im Blick, die durch die Strafdrohung nicht verhindert worden ist, statt jener Taten, die aufgrund der Strafdrohung nicht begangen werden? Gewiss: Schon die Formulierung bei Seneca: „ne peccetur" – „damit keine Übeltaten begangen werden" – mag dazu verführt haben, die Präventionstheorien allzu perfektionistisch zu verstehen, nämlich als müsse es in ihnen darum gehen, das Verbrechen überhaupt aus der Welt zu schaffen. Und Feuerbachs so rationalistische Idee geht in der Tat ausdrücklich von dieser Vorstellung aus: „Sollen daher Rechtsverletzungen *überhaupt* verhindert werden", so müsse psychologischer Zwang ausgeübt werden[70]. Von der Erfahrung her, dass trotz des seit langem geübten Strafens immer noch Verbrechen begangen werden, und von der Vorstellung her, dass man sich durch – sagen wir – eine kurze Freiheitsstrafe weniger von einem verlockenden Verbrechen abhalten ließe als durch eine lange, folgert man hernach allzu leicht, es komme nach dieser Theorie nur auf das Androhen und Vollstrecken möglichst harter und gar grausamer Strafen an. Jedenfalls verbindet sich der Gedanke an eine generalpräventive Auffassung von der Strafe auch heute noch immer wieder mit dieser Vorstellung[71].

So ist es nicht verwunderlich, dass man es weithin ablehnt, in der Generalprävention den Zweck staatlichen Strafens zu sehen. Der Mensch benimmt sich nun einmal nicht wie ein rationalistisches Roboterwesen; er wägt gar nicht so nüchtern Vor- und Nachteile seines Verbrechens ab, sondern handelt oft aus dem Augenblick ohne großes Überlegen; vor allem aber: er nimmt für die Vorteile des Verbrechens gar nicht die Nachteile der Strafe in Kauf, sondern er rechnet, wenn er sich zur Untat entschließt, ganz regelmäßig mit dem Verborgenbleiben seiner Tat oder doch seiner Täterschaft. Nicht weil ihm die Strafe – deren angedrohte Höhe er in der Regel gar nicht kennt – nicht schwer genug erscheint, sondern weil er überhaupt ungestraft zu bleiben und ungestört in den Genuss der Früchte seiner Untat zu kommen glaubt, handelt er. (Als vor einiger Zeit die Polizei an der Ausfallstraße einer Großstadt eine unerkennbare Geschwindigkeitskontrolle eingerichtet hatte, warnte ein findiger Bürger die Autofahrer durch ein von den Polizisten zunächst nicht entdecktes Plakat vor dieser Kontrolle. Im sicheren Wissen, sonst gefasst zu werden, fuhren die Fahrer natürlich nicht schneller als erlaubt, obwohl doch die zu erwartende Strafe nicht gerade hoch war.) So leidet denn jede generalpräventive Theorie, die das Verbrechen durch möglichst harte Strafdrohung und Strafe verhüten zu können meint, an einem groben Mangel an Phantasie[72]: Sie geht von der Situation des gefassten und überführten Täters aus, der die sichere Strafe vor sich hat und dem nunmehr natürlich die schwere Strafe belastender erscheint als die leichtere, wogegen die Lage des handelnden Täters regelmäßig eine andere ist, da ihn – weitgehend ohne Rücksicht auf die Schwere der Strafdrohung – die Erwartung erfüllt, nicht gefasst zu werden und die Früchte seiner Tat genießen zu können.

Finden sich hier also berechtigte Bedenken gegen die generalpräventive Theorie, so ist zu fragen, ob diese Bedenken nicht nur die perfektionistische Gestalt dieser Theorie treffen. Wird hier nicht immer schon von der Existenz der Strafe im staatlichen Gemeinschaftsleben und von dem gleichwohl begangenen Verbrechen ausgegangen und nur noch – aus der Sicht der Strafdrohung oder der Strafzumessung im einzelnen Falle – gefragt, wie man es hätte anstellen müssen, um auch dieses Verbrechen zu verhüten? Die Frage, welchen Sinn das Strafen für die strafende Gemeinschaft habe schließt ja die andere Frage ein: Ob es überhaupt Sinn habe, zu strafen. Eine Kritik der generalpräventiven Auffassung darf daher nicht von dem schon geübten Strafen, sondern muss von der Vorstellung ausgehen, dass überhaupt nicht gestraft wird.

Gesetzt nun, wir schafften morgen alle Strafen ab. Das Bild der dann zu erwartenden Zustände lässt sich leicht vor Augen führen. So komme z. B. jemand unter uns die Lust an, ein fremdes Fahrrad unerlaubt an sich zu bringen. Der Eigentümer erkennt den davonfahrenden Dieb. Er meldet den Diebstahl der Polizei; da es keine strafbaren Handlungen mehr gibt, verweist die Polizei den Eigentümer von vornherein ans Zivil-Gericht, das den Dieb zur Herausgabe des Fahrrades verurteilt. Der aber gibt das Rad auch dem Gerichtsvollzieher nicht heraus, sondern schlägt den Gerichtsvollzieher nieder. Der Eigentümer findet schließlich eine Gruppe beherzter Männer, die ihm beistehen; der Dieb wird überwältigt, das Fahrrad dem Eigentümer zurückverschafft. Kurz danach erscheint der Dieb mit einigen Freunden beim Eigentümer und nimmt ihm gewaltsam das Fahrrad erneut weg. Der Eigentümer findet sich schließlich in den Verlust und nimmt bei nächster Gelegenheit selbst irgendwo ein fremdes Fahrrad mit sich; denn „böse Beispiele verderben gute Sitten". Die Gruppe des Diebes wird immer größer usf. – Das Bild lässt sich nicht erschreckend genug ausmalen und bleibt immer noch glaubhaft in seinen Schrecken; unglaublich ist es freilich in den Momenten, die einen funktionierenden Staatsapparat voraussetzen: Wie sollte man noch Gericht, Gerichtsvollzieher und Polizei finden nach Abschaffung der Strafe? Es würde nur noch das sog. Recht des Stärkeren gelten; Brandstiftungen, Vergewaltigungen, Eindringen in Häuser, Mord und Totschlag könnten ganz offen geschehen. Ein Kampf aller gegen alle wäre die Folge, der nur innerhalb einzelner Gruppen sein Ende fände, die sich zur Abwehr von Angriffen zusammenschlössen, und innerhalb dieser Gruppen müsste nun wieder mit Gewalt oder Ausstoßung reagiert werden, wenn einer der zur Gruppe Gehörenden sich nicht an die Ordnung hielte; – und da hätten wir wieder Zustände wie bei den alten Germanen, und die Blutrache mit allem Drum und Dran zwischen den einzelnen Gruppen wäre nur noch eine Konsequenz.

Dass sich die Dinge ohne staatliches Strafen so entwickelten, erscheint unausbleiblich. Es ist diese Sicht der Dinge nicht nur Sache des Glaubens, sondern der Erfahrung – nicht nur aus der Frühzeit der Völker, die noch kein Staatswesen und keine Strafe kannten, sondern aus allen Epochen der Geschichte, besonders aus den Übergangszeiten bei Revolutionen oder im Gefolge kriegerischen Geschehens, wann immer eben die Täter eine Strafverfolgung nicht zu befürchten hatten. Auch die spezifischen Verbrechen der NS-Zeit gediehen durchweg im Vertrauen auf ihre völlige Straflosigkeit. Im übrigen finden sich eindeutige Beispiele auch in der Gegenwart: etwa dies, dass die Zahl betrunkener Kraftfahrer in einer deutschen Großstadt von heute auf morgen anstieg, nachdem die Tagespresse gemeldet hatte, eine entsprechende Strafbestimmung der Straßenverkehrsordnung sei in einer Entscheidung des Bundesverfassungsgerichts für nichtig erklärt worden. Oder jenes eindrucksvolle Beispiel, das sich aus dem (wohl nur eineinhalbtägigen) Streik der Polizisten und Feuerwehrleute der kanadischen Stadt Montreal im Oktober 1969 ergab. Man wird den vielfachen Berichten in Tagespresse und Fernsehen jener Tage im ganzen vertrauen dürfen: Wenige Stunden dieses Streiks genügten, um diese größte Stadt Kanadas „in die schwersten Unruhen ihrer nahezu 330jährigen Geschichte" zu stürzen; der Streik hatte schwere Raubüberfälle, Plünderungen und Brandlegungen zur Folge; u. a. „demonstrierte" eine große Gruppe von Taxifahrern gegen ein Omnibusunternehmen (dem offenbar ein Monopol zur Beförderung von Fluggästen von und zum Flughafen eingeräumt war) durch Inbrandsetzung der Garagen dieses Unternehmens, wobei es auch zu Schießereien kam; wenige Stunden nach Beginn des

Streiks hatten Gangsterbanden 10 Banken überfallen; hunderte von Menschen zogen durch die Straßen der Stadt, plünderten Geschäfte und legten Brände.

So schreckt das staatliche Strafen in größtem Umfang davon ab, Verbrechen zu begehen – zwar nicht notwendig auf dem Wege über spezielle Gesetzeskenntnis, wohl aber über das allgemein lebendige Bewusstsein, dass man so manches nicht tun dürfe, ohne Gefahr zu laufen, bestraft zu werden. Freilich ist es unmöglich, Verbrechen überhaupt zu verhindern, denn, wer die Tat dann doch begeht, der rechnet fast stets damit, nicht entdeckt zu werden; und es werden – wie die kriminalistischen Dunkelziffern als Schätzung anzeigen – so außerordentlich viele Verbrechen in der Tat nicht aufgedeckt. Aber wer nach der generalpräventiven Wirkung der Strafe in der Gemeinschaft fragt, der darf nicht vom herkömmlichen Zustand staatlichen Strafens ausgehen und auf die *begangenen* Verbrechen sehen und fragen, ob sie und wie sie zu verhüten waren; er muss vielmehr den Zustand allgemeiner Straflosigkeit allen Tuns voraussetzen. Dann wird er sich vorstellen können, wie viele Verbrechen dadurch verhindert werden, dass wir die staatliche Strafe haben; – insbesondere werden fast alle Verbrechen verhindert, die sonst offen begangen werden würden oder auch in der Gefahr sicherer Entdeckung (die ernstlich dann gar keine Gefahr mehr bedeutete). So erreicht das Strafen allemal, dass sich das Verbrechen nicht offen behaupten kann, sondern ins Verborgene verkriechen muss.

Sehen wir nun, wie entschieden das staatliche Strafen allgemein von der Begehung von Verbrechen abschreckt, so ist damit freilich noch nicht gesagt, dass es auch Sinn habe, um dieser Wirkung willen zu strafen. Auf diese Frage wird noch zurückzukommen sein.

Nur soviel lässt sich jedenfalls nach allen vorangegangenen Überlegungen sagen, dass an der Zweckhaftigkeit staatlichen Strafens nicht zu zweifeln ist, soweit man eben diese Verhütung vielfacher Verbrechen, insbesondere die Verhütung ihrer offenen Begehung im Blicke hat.

b) Die Theorie der Spezialprävention

Nach dieser Theorie ist – wie oben S. 30 f. gezeigt worden ist – die Strafe dazu da, das Verbrechen im einzelnen Rechtsbrecher zu bekämpfen, d. h. ihn als Quelle künftiger Verbrechen auszuschalten, mag er nun dauernd eingesperrt, mag er nur umerzogen oder wenigstens abgeschreckt werden.

Die Fragen, die uns diese Theorie aufgibt, dürfen freilich nicht nur darauf gerichtet sein, ob sich das staatliche Strafen der Gegenwart dieser Auffassung gemäß verstehen lässt; denn die spezialpräventive Theorie bemängelt ja gerade in mancher Hinsicht die herkömmliche Art staatlicher Reaktion auf Verbrechen. Vielmehr muss man, wenn man dieser Theorie kritisch gerecht werden will, auch jene Korrekturen einbeziehen, die von ihr für die staatliche Verbrechensreaktion gefordert werden und die – jedenfalls in den Formulierungen dieser Theorie – darauf hinauslaufen, das Strafrecht durch etwas „Besseres" zu ersetzen, nämlich durch ein Besserungs- und Bewahrungsrecht (– wie es Radbruch einst formuliert hat; vgl. oben S. 32). Mit der Strafe hätte – wieder in der eigenen Sicht dieser Theorie gesehen – diese Täterbehandlung dann nur noch den Anknüpfungspunkt gemeinsam, nämlich das begangene Verbrechen.

Betrachten wir nunmehr zunächst unter dem Gesichtspunkt der (herkömmlichen) Strafe die drei Tätergruppen, wie Liszt sie geschildert hat und die wir so ähnlich in jeder modernen spezialpräventiven Theorie finden werden. Die erste Gruppe ist die der *Gelegenheitstäter*. Zunächst sollte man sich hier die entschiedenste Diskrepanz zwischen dem Begriff und der praktischen Erfassbarkeit dieser Art von Tätern bewusst machen. Dem Begriffe nach ist Gelegenheitstäter jeder Mensch, der aus sozusagen zufälliger Gelegenheit einmal eine Straftat, und sei es auch eine schwere, begeht. In der praktischen Strafrechtspflege dagegen ist Gelegenheitstäter natürlich auch jeder andere, der schon drei oder zwanzig oder mehr Delikte begangen, aber diese anderen alle verborgen zu halten gewusst hat und nun eben nur wegen des einen, scheinbar gelegentlich begangenen belangt wird. (Der nüchterne Beobachter muss – bestärkt durch die von praktischen Kriminalisten angenommenen Verbrechens-Dunkelziffern – vermuten, dass sowohl viele wirklichen Gelegenheitstäter nicht gefasst als auch viele gefassten Täter als Gelegenheitstäter angesehen werden, obwohl sie längst schon Dauertäter sind.) Gehen wir nun aber vom Begriff des Gelegenheitstäters aus, so ist sicher, dass dieser Täter genauso wenig und genauso sehr wie jeder andere, der noch nie die günstige Verbrechensgelegenheit gehabt hat, neue Verbrechen befürchten lässt. Und es ist nicht einzusehen, warum nun gerade er als der von der Gelegenheit Verführte spezial-behandelt und von künftigen Rechtsbrüchen abgehalten werden muss. Spezialpräventiv gesehen müsste man ihn vielmehr in jedem Falle „straf"-los lassen, so wie auch der Arzt den Gesunden (oder Wieder-Genesenen) nicht zu heilen hat. Gleichwohl wird von keiner Seite, die im übrigen die Spezialprävention vertritt, die durchgängige Straflosigkeit der Gelegenheitstäter vorgeschlagen, die – nach der Kriminalstatistik – im allgemeinen rund 2/3 aller Bestraften ausmachen[73]. Gewiss verzichtet man seit geraumer Zeit in den vielen Fällen der Strafaussetzung zur Bewährung (zwar nicht auf Schuldspruch und Strafurteil, wohl aber) auf die Zufügung der Strafe, und dieser Verzicht kommt praktisch vielfach den Gelegenheitstätern zugute. Aber eine allgemeine Straflosigkeit der Gelegenheits- oder Erstmalstäter würde doch wohl, insbesondere bei allen schwereren Straftaten, als unerträglich empfunden. (v. Liszt selbst sagt nur, dass hier „eine systematische Besserung" „durchaus zwecklos" sei; „hier soll die Strafe *lediglich die Autorität des übertretenen Gesetzes herstellen;* sie soll Abschreckung sein, eine gewissermaßen handgreifliche Warnung, ein ‚Denkzettel' für den egoistischen Trieb des Verbrechers".)[74] Offensichtlich lässt sich die Strafe hier also nicht spezialpräventiv begründen (denn auch der Name „Denkzettel" kann nicht verbergen, dass von der Notwendigkeit einer „Behandlung" hier nicht gesprochen werden kann); es muss hier vielmehr auf ganz andere Strafmomente zurückgegriffen werden, die in die spezialpräventive Konzeption nicht hineinpassen.

Nach den Gelegenheitstätern sind die *Gewohnheits- oder Zustandstäter* zu erörtern, also jene Gruppe von Rechtsbrechern, die – so ist der Begriff gemeint – zur wiederholten Begehung von Delikten neigen; auf sie ist die spezialpräventive Theorie ihrer Natur nach im wesentlichen zugeschnitten. Unter diesen Tätern interessiert uns zunächst die Gruppe der – wie man so sagt: – *besserungsfähigen* oder resozialisierbaren. Zu ihnen gehört für die praktische Strafrechtspflege jeder, der einer entsprechenden Mehrzahl von Straftaten überführt ist und dem man zutraut, dass er wieder auf den „rechten" Weg gebracht werden könnte. Dieser Gruppe von Tätern gegenüber soll die Strafe der *„Resozialisierung"* dienen; – gerade dies ist das Schlagwort, das auch in der Diskussion der Gegenwart die größte Rolle spielt.

Was meint nun dieser Begriff der Resozialisierung? Er setzt offensichtlich eine Ex-Sozialisierung voraus: dass also der Täter sich außerhalb der Gesellschaft gestellt habe; nunmehr müsste er wieder in sie zurückgewonnen, in die „Rechtsgemeinschaft" „wieder eingegliedert" werden (wie es nach § 2 des Alternativ-Entwurfs von 1966[75] zu formulieren wäre). Man kann nun diese Ausdrücke entschieden ideell verstehen: Allein durch den Rechtsbruch hat der Täter sich außerhalb der Gesellschaft gestellt, durch die Leistung der Strafe wird er ihr wieder eingegliedert. Aber dieses Verständnis würde allenfalls der Auffassung des deutschen Idealismus und seiner Nachfolger entsprechen (– etwa Hegels Negation der Negation, wie sie oben S. 23 als Strafverständnis wiedergegeben worden ist). Die moderne Auffassung meint mit Resozialisierung dagegen etwas ganz Reelles, einen die ganze Person ergreifenden Vorgang der faktischen Rückgewinnung des Täters für die Ziele eines gedeihlichen Gemeinschaftslebens oder jedenfalls für die Anerkennung der Schranken, die dem Einzelnen um des gedeihlichen Gemeinschaftslebens willen gesetzt sind.

Bevor nach der Tauglichkeit der Strafe für diesen Resozialisierungsvorgang gefragt wird, sei zunächst die Ex-Sozialisierung betrachtet, die als Entsprechung von einer derart reell verstandenen Resozialisierung vorausgesetzt wird. Wie also sehen die Täter dieser Gruppe aus? Man wird hier gewiss Leute finden, die man als ausgesprochen asozial bezeichnen kann, die also eine gesellschaftsfeindliche Sonderexistenz führen und sozusagen keinen Zugang zur Gesellschaft mehr haben. Aber in der Regel werden Vorausaussetzung und Notwendigkeit einer „Resozialisierung" schon dann bejaht werden, wenn der Täter seinen Platz durchaus innerhalb der Gesellschaft hat und sich lediglich in einer und der anderen Hinsicht nicht an ihre Verbote und Gebote hält. Sehen wir die Fakten doch einmal ganz nüchtern und nicht etwa durch die Brille einer Straftheorie! (Wir Juristen laufen ohnehin Gefahr, im Strafurteil den Menschen und sein Dasein nur durch die Gucklöcher unserer strafgesetzlichen Tatbestände zu betrachten.) Solch ein Täter mag z. B. durch Jahre hindurch ein tüchtiger Beamter gewesen sein, und nun stellt sich plötzlich heraus, dass er seit Jahren Unterschlagungen beging; er mag ein guter, in seinem Betrieb geschätzter Arbeiter sein, und niemand hätte ihm je zugetraut, dass er nachts öfters auf Diebestour ging; er mag durch Jahre hindurch als ein geschätzter Kollege die Stufenleiter im Polizeidienst hinter sich gebracht haben (dies ist ein konkretes Beispiel aus Hamburg aus dem Jahre 1968), da wird er plötzlich bei einem Bankraubüberfall gefasst und als der erkannt, der schon Jahre hindurch derartige schwere Delikte begangen hat; er mag schon 15 Jahre als hervorragender Buchhalter und als Familienvater und Mitbürger allseitig geschätzt sein, da kommt heraus, dass er zu Zeiten des nationalsozialistischen Staates an grausamen Tötungen von Konzentrationslagerhäftlingen beteiligt war; ein anderer leitet jahrelang einen Rundfunkkinderchor zur allgemeinen Freude, da stellt sich heraus, dass er die ganze Zeit hindurch in einer auch für großzügige Auffassung unverantwortlichen Weise sexuelle Handlungen mit Kindern und Jugendlichen vorgenommen hat. Diese Beispiele zeigen, wie wenig die spezialpräventive Theorie die Realitäten im Blick behält, wenn sie den zu behandelnden Rechtsbrecher als einen Ex-Sozialisierten voraussetzt, der nun der Resozialisierung bedarf. Es handelt sich bei dieser Ex-Sozialisation meist um nichts anderes als eben die Tatsache, dass der Täter eine Reihe von Rechtsbrüchen begangen hat (Rechtsbrüche, wie sie – aus der Annahme der Dunkelziffer zu erschließen – auch viele andere nicht gefasste und damit nicht der „Resozialisierung" zugeführte Rechtsbrecher begehen).

Und wenn gar von der „Schädlichkeit" solcher Täter die Rede ist, sollte man vorsichtig sein! Schon der Terminus „Schädlichkeit" (oder „Gefährlichkeit"), der auf Tiere besser als auf Menschen passt, stimmt skeptisch; aber die spezialpräventive Theorie neigt ja dazu, an die Stelle der Schuld als Voraussetzung der Strafe die Begriffe von Schädlichkeit und Gefährlichkeit zu setzen. Doch versuchen wir einmal, ungeachtet dieser Bedenken die Schädlichkeitsbetrachtung nachzuvollziehen: Auch wer hundert Betrügereien begangen hat, mag nebenher noch so viel anderes getan haben, das recht erfreulich ist; und wer sich laufend durch Erpressung bereichert, hat vielleicht auch den Mut, unter Gefahr für das eigene Leben mehrere Kinder aus einem brennenden Haus zu retten. (Dies letztere ist jedenfalls vor einigen Jahren über einige Ganoven der New Yorker Unterwelt berichtet und mir inzwischen – veranlasst durch die erste Auflage dieses Buches – aus New York bestätigt worden.) Wollte man die Bilanz eines Menschenlebens nach Nützlichkeit und Schädlichkeit für die Gesellschaft aufstellen, so könnte man wohl zu überraschenden Vergleichen zwischen manchem Verbrecher und manchem gesetzestreuen Staatsbürger gelangen; oder sollten drei vor dem Tode gerettete Kinder per saldo in dieser Nützlichkeitsbetrachtung nicht dreißig Erpressungen aufwiegen?

Doch zurück zur Frage der Resozialisierung! Ist es für nüchterne Betrachtung also mit der Exsozialisierung nicht immer so schlimm, wie man zunächst meinen möchte, so ist nunmehr ebenso nüchtern zu fragen, was es mit der Resozialisierung auf sich hat, und zwar zunächst unter dem traditionellen Aspekt, der auf die Strafe bezogen ist. Ist die Strafe zur Resozialisierung überhaupt geeignet? Resozialisiert wird ja nicht so sehr schon dadurch, *dass* überhaupt gestraft wird, sondern allenfalls dadurch, *wie* gestraft wird; und hier ist in erster Linie an den Vollzug der Freiheitsstrafe zu denken, der immerhin die praktische Einwirkung auf den Täter ermöglicht. Aber auch hier ergibt sich eine Fülle von Bedenken. Fasst man beim geistig gesunden Täter die Resozialisierung als Erziehung auf, so ist nicht nur die – ohnehin fragwürdige – Erwachsenenerziehung, sondern auch eine systematische Erziehung von Jugendlichen im Strafvollzug voller Widersprüche allein schon aufgrund der Tatsache der Freiheitsentziehung selbst: dass jemand zum rechten Gebrauch der (äußeren) Freiheit nun gerade unter Entzug dieser Freiheit sollte erzogen werden können[76]. (Insofern ist der Verzicht auf Strafe in der Strafaussetzung zur Bewährung und die Anleitung des Probanden durch Bewährungsweisungen, vor allem die Unterstellung unter einen Bewährungshelfer entschieden vorzuziehen.) Und problematisch ist schließlich auch die Festsetzung der Dauer, die die Umerziehung jeweils beanspruchen soll. Es ist doch hier nicht etwa so wie bei der Ausbildung in der Schule, wo man von Schülern einer bestimmten Intelligenz- und Entwicklungsstufe sagen kann, man brauche so und so viel Zeit, um ihnen bestimmte Kenntnisse in Fremdsprachen, Mathematik usw. beizubringen. Wenn schon Erziehung zu einer anderen Lebensführung gemeint ist, dann kommt es in erster Linie auf die Werterlebnisse an, die dem zu Erziehenden vermittelt werden, und sie wiederum hängen sowohl von seiner eigenen Empfänglichkeit ab wie auch von der Fähigkeit der Erziehenden, ihm entsprechende Erlebnisse zu vermitteln. Dass gerade hier im Strafvollzug die Chancen nicht sonderlich groß sind, ist soeben schon angedeutet worden. Aber wenn – etwa auch unter dem Gesichtspunkt eines erzieherischen Schocks – die Dauer der Behandlung eine Rolle spielt (– und die ganze richterliche Strafzumessung müsste ja nach der spezialpräventiven Theorie die für die Erziehung ausreichende Strafdauer festsetzen –): weiß man denn überhaupt, auf welche Dauer an Freiheitsstrafe der jeweilige Rechtsbrecher am ehesten anspricht? Würden nicht vielleicht zwei Wochen mehr Erfolg haben als zwei Jahre? Oder: Würden für den Einbrecher und den Räuber im Einzelfall zwei Wochen ausreichen, für den Beleidiger aber zwei Jahre nötig sein?

Oder ist nicht eben die Freiheitsentziehung überhaupt verfehlt, wenn man nichts als Resozialisierung anstrebt? Mancher Strafrichter ist schon an seiner Aufgabe irre geworden im Gedanken daran, dass die Verurteilten, die er in die Strafanstalt bringt, „schlechter" wieder herauskommen, als er sie hineinschickt. Und Chesterton lässt einmal einen Richter zum Angeklagten sagen: „Ich verurteile Sie zu drei Jahren Gefängnis in der festen und von Gott eingegebenen Überzeugung, dass das, was Ihnen wirklich nottut, ein dreiwöchiger Aufenthalt an der See ist." [77] Es leuchtet ein: Das könnte in manchem Falle viel weiter helfen als die Anstaltsatmosphäre mit all ihrer Gefahr „unmoralischer Ansteckung" der Häftlinge untereinander, der Gefahr eines erheblichen Abbaus an Selbstwertgefühl und damit eines Verlustes an Verantwortungsbewusstsein und an Fähigkeit zu praktischer Lebensgestaltung. Wie viel besser könnte da solch ein Seeaufenthalt wirken, zugleich als Ausdruck des Vertrauens, das man in den Delinquenten für die Zukunft setzt.

In der Tat: Dies wäre zwar wirkliche Spezialprävention und hülfe wohl dem einzelnen Rechtsbrecher weiter; wie aber wäre der Eindruck auf die Allgemeinheit? Das ließe sich doch nicht geheim halten, und mancher könnte in Versuchung geführt werden, durch ein rasch begangenes Verbrechen sich ebenfalls einen Aufenthalt an der See zu verschaffen. Wir sehen: Die Dinge haben auch hier ihre zwei Seiten, und was der Richter für den vor ihm stehenden einzelnen Angeklagten für richtig halten mag – und sei es für hundert andere auch –, das lässt sich doch nie zur Maxime staatlicher Reaktion auf Verbrechen machen, will man nicht diese Reaktion gar in der Form der Belohnung als allgemeine Ermunterung zum Verbrechen statt als Missbilligung erscheinen lassen.

Je folgerichtiger man die Strafe als resozialisierende Spezialbehandlung des Täters zu erfassen sucht, desto mehr offenbaren sich Unstimmigkeiten, die keine der Reformbewegungen zu beheben den Ansatz gemacht hat und je so wird beheben können, wie es die Konsequenz aus der Theorie verlangen würde. Hierher gehört nämlich schon eine kritische Betrachtung der Auswirkungen von Strafe und Strafverfahren auf das Verhältnis des Bestraften zur Gesellschaft. Zunächst ist – nach ganz allgemeiner Beobachtung – als sozialpsychologisches Phänomen sicher, dass im Bewusstsein der Gesellschaft meist gerade erst die Strafe selbst den Täter aus der Gesellschaft ausstößt, und zwar bedeutet insbesondere die

Verbüßung der Freiheitsstrafe oft erst nachdrücklich die Ex-Sozialisierung, die sie doch zu beheben geeignet sein sollte. Ganz mit Recht ist neuerdings wieder geklagt worden, „dass der Verbrecher, der aus irgendeinem Grunde nicht bestraft wird, seine gesellschaftliche Geltung eher bewahren kann als derjenige, der seine Strafe verbüßt hat. Nicht das Verbrechen, sondern die Strafe als solche, besonders die Freiheitsstrafe, bildet in den Augen der Gesellschaft den eigentlichen Makel." [78]

Man vergleiche doch, wie außerhalb der Strafgerichtsbarkeit solche Ereignisse bewältigt werden im Interesse nicht erst einer Resozialisierung, sondern schon des Festhaltens einer anerkannten gesellschaftlichen Stellung, also des Vermeidens einer Ex-Sozialisierung des Betroffenen. Wenn etwa der Sohn des wohlhabenden Vaters als kaufmännischer Volontär Betrügereien und Veruntreuungen begangen hat, dann setzt sich der Vater mit dem Geschädigten ins Benehmen und bringt durch reichliche Schadensersatzleistung alles ins Reine; eine Resozialisierung ist ganz überflüssig geworden, da der Täter gar nie außerhalb der Gesellschaft gestellt wurde; die Strafe könnte das Unglück erst herbeiführen, das sie beheben zu können vorgibt.

Wie ganz anders machen wir es im staatlichen Strafen! Auch die Vertreter des Resozialisierungsgedankens erstreben hier keine Änderung: Wir zerren die Tat oft erst mühsam ans Licht, lassen im Strafprozess zur Hauptverhandlung, in der alles Notwendige und oft noch mehr als dies zur Sprache kommt, meistens die Öffentlichkeit zu und lassen die Tatsache der Bestrafung allgemein bekannt werden. Wir betreiben also zuerst mühsam die Ex-Sozialisierung dessen, der hernach dringend der Re-Sozialisierung bedarf. So offenbaren sich allzu viele Unstimmigkeiten, wenn man das staatliche Strafen – hier hinsichtlich der sog. besserungsfähigen Gewohnheitstäter – darauf gerichtet sehen will, es werde um der Resozialisierung willen betrieben.

Dabei haben wir noch gar nicht entschieden gefragt, ob das Bild dieser „verbesserlichen Gewohnheitstäter" überhaupt in der Weise, wie es die Theorie verlangt, ernstlich bejaht werden kann. Jedenfalls zu den Zeiten vor der Jahrhundertwende, als die Lisztsche

Theorie entstand, ging man – wenn auch ohne besondere Hervorhebung – im wesentlichen davon aus, dass Anlage und Umwelt
(als die Faktoren des Verbrechens verstanden) wenigstens bei den
Gewohnheitstätern in der Nähe des Asozialen liegen müssten.
Man ging hierbei aber zu weitgehend von dem Bild aus, das sich
Klein-Fritzchen vom Verbrecher macht; und das Bild, das man in
den Gerichtssälen so häufig vom Angeklagten bekommt, konnte
und kann auch heute noch diese Auffassung anscheinend insoweit
bestätigen, als die Gewohnheitstäter so oft einer sozial tiefer stehenden Bevölkerungsschicht angehören. Doch hier muss ganz offen bleiben, ob die vor Gericht stehenden Täter nicht in erster Linie diejenigen sind, die deshalb gefasst werden, weil sie ihre Taten
so „ungeschickt" anstellen, dass sie ertappt werden, oder weil sie
von vornherein das Risiko der Überführung falsch berechnen. A-
ber ganz abgesehen von diesen so nahe liegenden und doch so oft
vernachlässigten Betrachtungen dürfte gerade das Geschehen der
letzten Jahrzehnte Anlass genug geben, die oberflächlichen Bilder
zu korrigieren: Schon das Bild der Täter jener spezifischen Delikte
der nationalsozialistischen Zeit (z. T. waren es in höchst sadisti-
scher Weise ausgeführte Tötungen von Geisteskranken und von
Gefangenen der Konzentrationslager, grausame Ermordung von
Juden und Kriegsgefangenen) passt nicht in die traditionellen Auffassungen; nicht nur die sog. Schreibtischtäter (die durch ihre Be-
fehle Tausende von unschuldigen Menschen zur Tötung freiga-
ben), sondern auch die unmittelbar Tötenden selbst waren oft
„brave Familienväter", die weder vor noch nach jener Zeit (soweit
sie etwa wieder in ein normales Berufsleben eingetaucht waren)
auffällig wurden und derartiger Verbrechen für fähig gehalten
werden konnten. Ebenso wenig passt das Bild der sog.
Wohlstandskriminalität und ihrer Täter in die traditionelle Auffassung der spezialpräventiven Theorie; bevor man die Erfahrungen
in den Wohlstandsländern (vor allem in USA und seit den 50er
Jahren in der Bundesrepublik) gemacht hatte, hätte diese Theorie
solche Kriminalität für ausgeschlossen gehalten. Natürlich hat
man nun inzwischen einige neue Momente als Faktoren des
Verbrechens anerkannt und das überkommene Bild korrigiert; aber

man scheut noch immer das Eingeständnis, dass im Grunde jedermann Verbrechen begehen kann (– eine Wahrheit, die die Bibel und die große Literatur ebenso wie die Alltagsweisheit des Volkes schon längst vorweggenommen haben). So verwundert es nicht sonderlich, dass die Strafverfolgungsorgane der Bundesrepublik in den letzten Jahren ihrer Sache öfters in unangemessener Weise unsicher waren, wenn Söhne und Töchter aus sog. „gutem Hause" im Zusammenhang mit Demonstrationen oder sonst in seltsamer Weltverbesserungsabsicht Straftaten begingen; denn die Begehung solcher Taten durch Leute solcher Herkunft war nach der Theorie fast auszuschließen gewesen; jedenfalls war man auf diese „Täter" nicht genügend vorbereitet. So kam es schließlich u. a. auch dahin, dass einer jener Täter von seinen Genossen (die im Sommer 1970 in Westberlin rücksichtslos die Schusswaffen einsetzten) aus der Strafhaft mit Gewalt befreit werden konnte, nachdem diesem Täter besondere Vergünstigungen eingeräumt worden waren aufgrund der Version, es handle sich nicht um einen „Kriminellen" (– wie die Tagespresse zu berichten wusste). Viele der Weltverbesserer neuer Art, die auch vor der Verletzung ihrer Mitmenschen nicht zurückschrecken, unterscheiden sich trotz der weniger egoistischen Firmierung nicht von jedem anderen Straftäter; denn auch wer stiehlt, raubt, mordet und notzüchtigt, baut sich in der Regel irgendeine subjektive Rechtfertigung für sein Handeln zurecht (und er ist damit noch längst nicht dem Überzeugungstäter gleichzusetzen, der aus tiefgreifendem sittlichen Konflikt die überkommenen Grundregeln des Gemeinschaftslebens verletzt). –

Als letzte Tätergruppe ist im Rahmen der spezialpräventiven Theorie die der sog. *unverbesserlichen Gewohnheitstäter* zu betrachten; diese Gruppe soll durch die Strafe ständig von der Gesellschaft abgesondert, also „verwahrt" werden. Es ist gewiss, dass die ständige sichere Verwahrung eines Menschen in einer Anstalt dazu führt, dass er der Gesellschaft nicht mehr schädlich werden kann, jedenfalls nicht mehr außerhalb der Anstalt. Es ist also an der Zweckhaftigkeit dieses „Straf"- Verständnisses nicht zu zweifeln. Doch auch hier sind erhebliche Bedenken zu äußern, und zwar richten sie sich gegen die Feststellung der „Unverbesserlichkeit" von Menschen. Eine solche Feststellung ist als Urteil von Menschen über Menschen in unerträglicher Weise sittlich anmaßend, mag uns eine derartige Kennzeichnung im Alltag auch hin und wieder unterlaufen und mag man sie – an unseren menschlichen Maßstäben gemessen – auch immer wieder einmal tatsächlich be- stätigt finden. Allerdings enthält unser geltendes Strafgesetzbuch in § 42 e[11] eine Bestimmung, die ein solches anmaßendes Urteil über einen anderen Menschen zu verlangen scheint. Es geht hier um die Maßregel der Sicherungsverwahrung gegen solche Täter, die mehrere erhebliche Straftaten begangen haben; als besondere Voraussetzung für die Unterbringung des Täters wird verlangt, dass „die Gesamtwürdigung des Täters und seiner Taten ergibt, dass er infolge eines Hanges zu erheblichen Straftaten ... für die Allgemeinheit gefährlich ist". (Die Sicherungsverwahrung geht auf Lisztsche Reformbestrebungen zurück; 1933 wurde sie als Maßregel gegen den damals sog. „gefährlichen Gewohnheitsverbrecher" eingeführt; die Praxis hat diese Maßregel im allgemeinen – von gewissen Fehlgriffen bei kleinerer Kriminalität abgesehen – recht zurückhaltend eingesetzt.)

Das Verfehlte an dieser Regelung ist, dass hier der Formulierung nach ein Mensch auf ein bestimmtes verbrecherisches So-Sein festgelegt wird. Es ist die Frage nach Freiheit und Unfreiheit des Menschen – gemeint i. S. der Frage nach der Willensfreiheit –, die hier ins Spiel kommt und auf die an anderer Stelle nochmals zurückzukommen sein wird. Nur soviel sei schon hier gesagt: Das Geheimnis von Freiheit und Unfreiheit des Menschen ist auch gegenüber dem Straftäter zu respektieren. Weder darf aus der Postulierung von Freiheit noch darf aus der Annahme von Unfreiheit dem einzelnen ein Nachteil erwachsen. Dem Wortlaut der Regelung nach (und auch einem verbreiteten Verständnis dieser Regelung gemäß) ist es aber gerade die Annahme von Unfreiheit, die zur Sicherungsverwahrung von Tätern führen soll, also zu einer Einsperrung nicht viel anders, als man gefährliche Tiere einsperrt. Es ist die Achtung vor der Menschenwürde – eine Achtung, zu der nach Art. 1 des Grundgesetzes alle staatliche Gewalt verpflichtet ist – , die einem derartigen staatlichen Verhalten entgegensteht;

denn diese Achtung verlangt, das Geheimnis von Freiheit und Unfreiheit in jedem Menschenleben zu respektieren und alles zu vermeiden, was darauf hinausliefe, dass der Mensch als Ganzes objektiviert und als Gegenstand unserer Erkenntnis vorausgesetzt und behandelt würde. So wird man eine derartige Verwahrung im Einzelfall nur dann in Betracht ziehen dürfen, wenn der Täter seinem ganzen Verhalten nach dahin zu verstehen ist, dass er es ablehne, sich in Zukunft an die Grundverbote und -gebote des Gemeinschaftslebens zu halten (– wobei dann immer noch tröstlich bleibt, dass das Gericht nach der gesetzlichen Regelung immer neu zu überprüfen hat, ob die Fortdauer der Verwahrung noch notwendig ist). –

Was bisher zur Spezialpräventionstheorie kritisch zu sagen war, bezieht sich im Wesentlichen auf die Phänomene der staatlichen Verbrechensreaktion in der Gegenwart. Mit einer solchen Betrachtung allein kann man aber dieser Theorie nicht gerecht werden, denn sie begreift sich ja selbst – wie schon oben (S. 32) dargestellt worden ist – vor allem auch als ein in die Zukunft gerichtetes Programm, das das staatliche Strafen durch Besseres – als da sein sollen: Heilen, Behandeln, Verwahren – ersetzen soll.

Da sich jeder, der staatliches Strafen einigermaßen kritisch reflektiert, nie so recht beruhigen kann im Bewusstsein solchen Geschehens, erscheint dieses Zukunftsbild vielen als wahrhaft befreiend. Vollends wenn man die in der Strafe liegende Vergeltung in der Nähe der Rache sieht und wenn man darunter leidet, dass die Gesellschaft ihre eigenen Verfehlungen in den Verbrecher projiziere und ihre Aggressionen an ihm austobe (wie mit Hilfe des modernen Wortschatzes derartiges zu formulieren ist), dann fühlt man sich befreit im Gedanken, dass hier alles ganz anders werden könne. Vor allem erscheint die Verbrechensreaktion dann durchaus altruistisch: dass man heile statt strafe; und dies wäre dann als ein Handeln im Interesse des Rechtsbrechers und d. h. eines Kranken aufzufassen, der damit selbst zu einer gesunden Existenz geführt wird (– nicht freilich wie einst bei Plato oder den mittelalterlichen Kirchenlehrern dem Gehalte nach verstanden: Strafe *als* Heilung, sondern als Ersetzung des einen durch das andere gesehen: *Heilung statt* Strafe*)*.

Aber machen wir uns mit solchen Formeln nicht selbst etwas vor? Wenn Heilen die Krankheit voraussetzt, dann kommt bei geistig vollsinnigen Tätern Heilung statt Strafen – gemessen an der Gesamtzahl aller Rechtsbrüche – doch nur in wenigen Fällen in Betracht: bei Tätern, deren Taten stark somatisch bedingt sind, insbesondere bei Sexualtätern (und zwar vor allem dann, wenn der Täter selbst unter seiner Veranlagung leidet); ferner bei Psychopathen, bei Rauschgiftsüchtigen und in dergleichen Fällen, wo etwa auch psychotherapeutische Behandlung Erfolg verspricht. An dieser relativen Seltenheit wirklich heilbarer Täter wird sich auch in Zukunft nichts ändern. Mancher Täter leidet mehr an der Lieblosigkeit der Gesellschaft als an einer eigenen „Krankheit". Es gehört wohl zum Phänomen der Krankheit, dass – zumindest auf lange Sicht gesehen – der Kranke selbst leidet und über seine Heilung froh sein müsste. Davon kann nun, wenn man die Dinge nur einigermaßen unbefangen betrachtet, bei Rechtsbrechern in aller Regel nicht die Rede sein; sie fühlen sich i. allg. trotz ihrer Taten, ja vielleicht gerade in der Freiheit, diese Taten zu begehen, sehr wohl; was ihnen allenfalls Sorge macht, ist, dass man sie fassen und um die Vorteile ihrer Taten bringen und einer „Heilbehandlung" unterziehen könnte.

Wo heutzutage in der Welt unter der Devise „behandeln und heilen, nicht strafen!" Rechtsbrecher behandelt werden – in Kalifornien, in Schweden, Dänemark, in den Niederlanden und sonstwo – , da wird man beobachten können, dass die Behandlung nach Begehung von einigermaßen schweren Delikten oder nach einer erheblichen Reihe von Delikten unter Freiheitsentziehung und nicht etwa in Freiheit erfolgt, ferner, dass die freiheitsentziehende Behandlung bei besonders schweren Rechtsbrüchen länger dauert als bei weniger schweren, und schließlich, dass die Schwere der Tat bei geistig vollsinnigen Tätern nicht etwa am schädlichen Erfolg, sondern nach der größeren (sittlichen!) Verwerflichkeit bestimmt wird, so dass also eine heimtückische vorsätzliche Tötung eines Menschen längere Behandlung und längeren Freiheitsentzug des

Täters zur Folge hat als die fahrlässige Tötung von fünf Personen, dass ferner eine Reihe einfacher Diebstähle kürzere Behandlung zur Folge hat als eine Reihe schwerer Diebstähle, und dass eine Beleidigung und eine Sachbeschädigung wohl ohne Behandlung bleiben können, nicht aber eine Notzucht[12] und ein Raub. Sieht man diese staatlichen Reaktionen nüchtern und kritisch, so zeigt sich, dass es bei allen erheblichen Rechtsbrüchen dem Gehalte nach weitestgehend bei dem bleibt, was wir als Strafe kennen, und dass insoweit der alte Wein lediglich in neue Schläuche gefüllt wird. Und die Vorhersage kann nur die sein: Es wird dabei bleiben müssen, solange die Notwendigkeit des Zusammenlebens unter Menschen besteht und solange die menschliche Natur sich nicht ändert. Auch in Zukunft wird man auf erhebliche Rechtsbrüche selbst dann reagieren, wenn es nicht um das Wohlergehen des Täters geht, und man wird so reagieren, dass die Reaktion auf die Allgemeinheit einen abschreckenden Eindruck macht, und man wird weiter so reagieren, dass ein mit einer Behandlung verbundenes Übel der Verwerflichkeit der Tat einigermaßen angemessen ist.

Das Ergebnis aller Überlegungen ist, dass mit den Kategorien der spezialpräventiven Theorie die staatliche Verbrechensreaktion nicht zu erfassen ist, weder das heutige Strafen noch eine freiheitsentziehende sog. Behandlung in einer irgendwo als Reform vorgeschlagenen Gestalt.

Fragen wir uns abschließend, woher es kommt, dass trotz dieser grundlegenden Unstimmigkeiten die spezialpräventive Theorie so oft und entschieden in dem Sinne vertreten wird, als gebe sie den Zweck der Einrichtung staatlichen Strafens schlechthin an, so ist zunächst die naturwissenschaftlich-kausale Betrachtung anzuführen; sie hat sich nicht nur das Verbrechen in seiner großen Zahl, also in Statistik und Kriminologie, zum Gegenstand gemacht, sondern sucht es auch im einzelnen Fall in der Person des Täters uneingeschränkt kausal zu erfassen. Es überrascht nicht, dass gerade die einzelwissenschaftliche Betrachtung vor allem in der Psychologie und auch in der Soziologie zu der spezialpräventiven Theorie neigt. Im Übrigen kommt jede spezialpräventive Grundlegung der Strafe dem allzu menschlichen Zug entgegen, über andere Menschen Totalurteile zu fällen. Obwohl uns der Mensch als Ganzes nicht objektivierbar ist und obwohl immer das Geheimnis von Freiheit und Unfreiheit bleibt, neigen wir dazu, erfassbare Einzelmomente zu verabsolutieren, und maßen uns im Einzelfall die Festlegung an in Totalurteilen wie dem, dass jemand eben „so einer" sei, dass jemand „gar nicht anders könne" usf. So liegt uns Gedankenlosen auch im staatlichen Strafen eine Abstempelung des Täters nahe, ungeachtet schon der Tatsache, wie fragmentarisch alles ist, was wir über ihn erfahren, und ungeachtet der sittlichen Forderung, nicht über Personen zu richten. „Richtet nicht, auf dass ihr nicht gerichtet werdet!"– das gilt nicht für das Richten über die einzelne Tat oder die Reihe von Taten (wo bliebe alle Sittlichkeit, wenn wir nicht gutes und schlechtes Tun unterscheiden dürften?); aber es gilt für das Richten über die Person, es gilt für das Verdammen des andern, der nicht besser und nicht schlechter ist als ich und jeder andere. Für eine Theorie aber, die von vornherein schon ganz entschieden die Person anstatt der Tat zum Gegenstand der Beurteilung macht, wird dieses „Richtet nicht" zur stärksten Beunruhigung, da doch unvermeidlich immer auch sittliche Werturteile in die vorgesehenen Entscheidungen einfließen; denn man kann ja die „Behandlungsbedürftigkeit" des Täters nie an körperlichen Reaktionen und Messungen erfahren, sondern nur aus der Kenntnis seiner Taten; und auch die „Schädlichkeit" und „Gefährlichkeit" ist im Urteil nicht unabhängig von sittlicher Wertung, denn sonst wäre der fahrlässig tötende Autofahrer oft „gefährlicher" als der einmal aus Eifersucht tötende Mörder. So weicht diese Theorie – jedenfalls in ihren extremen Formen – auf die Begriffe „Behandeln" und „Heilen" kranker Menschen aus; mit diesen Begriffen nämlich lässt sich wenigstens scheinbar erreichen, dass man das Gefühl des Richtens über die Person los wird und (wiederum nur scheinbar moralfrei) die „kranken" Täter bedauern kann, sich selbst aber der eigenen „Gesundheit" sozusagen guten Gewissens erfreuen darf. Wer wollte auch nicht, wenn er einen Ersatz dafür sähe, vom Strafen wegkommen, das immer uns alle in Frage stellt, die Strafenden wie die Bestraften?

Sowenig also die Spezialpräventionstheorie die Einrichtung des staatlichen Strafens als solche begründen kann, so groß ist doch in den letzten sechs Jahrzehnten ihre praktische Bedeutung gewesen. Vor allem dort musste eine solche Theorie segensreich werden, wo man an die Dinge des Strafens nicht in erster Linie pragmatisch (wie in der angelsächsischen Welt) als vielmehr von einer ausgefeilten Theorie aus herangeht und wo man daher Mängel im praktischen Strafen, die von den Pragmatikern aus dem anschaulichen Erleben heraus unmittelbar korrigiert werden, nur dadurch beheben kann, dass man gegen die eine Theorie eine andere aufstellt. Hier liegt – wofür im Folgenden die maßgeblichen Wertungen noch dargetan werden sollen – die große historische Leistung der modernen spezialpräventiven Gedanken: Mögen sie zum Verständnis der Institution des Strafens noch so ungeeignet sein, so haben sie in der Praxis unserer Reaktionen auf Verbrechen, von einigen Übertreibungen abgesehen, vieles zum Besseren gewandt. Es ist hier ein Stück „List der Vernunft" am Werke; und von hier aus wird doppelt verständlich, dass diese Theorie so entschiedene Anhänger fand und noch findet, und zwar vor allem dort, wo man die jeweiligen Mängel bisheriger Praxis am bedrückendsten erlebt. So haben wir dieser Theorie in erster Linie zu verdanken, dass sie das staatliche Strafen aus dem abstrakten Gerechtigkeitsmechanismus der idealistischen Theorien herausgelöst und den Blick geöffnet hat dafür, dass dieses Strafen als menschliches Handeln Zweckmäßigkeitsaspekten zu unterwerfen ist und dass es auf den Saldo hin zu sehen ist, der sich aus Plus und Minus des Strafens für das Gemeinwesen ergibt. (Dazu gehört auch als Fortschritt der *Verzicht auf Strafe,* wo wir ihn für geboten halten; und hier ist es gerade auch die Strafaussetzung zur Bewährung, die mit Hilfe der Bewährungsweisungen eine Spezialprävention jedenfalls eher ermöglicht als manche Strafe.) –

Abschließend ist hier noch ein Wort zum *Freiheitsproblem* zu sagen. Die spezialpräventive Theorie wird ja (wie sich schon oben S. 30 f. gezeigt hat) vor allem von jenen Leuten vertreten, die die philosophische Frage nach der Willensfreiheit verneinen; sie gehen meistens davon aus, dass die herkömmliche Strafe die Bejahung der Willensfreiheit voraussetze, und kämpfen daher für die Abschaffung der Strafe und ihre Ersetzung durch „Behandlung" u. dgl., und zwar in der Annahme, dass nur eine derartige Reaktion der Unfreiheit des Menschen angemessen sei.

In dieser Auffassung stecken nun aber zwei gewichtige Fehler: zunächst die ganz unrealistische Erwartung, dass die spezialpräventive Behandlung der Straftäter in Zukunft ganz der Heilung kranker Menschen durch den Arzt entsprechen und den generalpräventiven Übelscharakter bisherigen Strafens ganz werde abschütteln können; diese utopische Fehlvorstellung ist in dem hier abzuschließenden Abschnitt dieses Buches hinlänglich erörtert worden. Der zweite Fehler ist die Annahme, die Schuld des Täters und damit (im Bereiche des Schuldstrafrechts) seine Bestrafung setzten voraus, dass man die menschliche Willensfreiheit bejahe. Dieser Fehler ist insofern verständlich, als er sich gerade auch bei Vertretern des traditionellen Schuldgedankens und der absoluten Straftheorien findet und dort öfters zur Folgerung führt, die Schuld verlange ideell notwendig den Ausgleich durch die staatliche Strafe[79].

Aber richtig gesehen setzt staatliches Strafen so, wie wir es heute betreiben, keinerlei „Bekenntnis" zur Willensfreiheit voraus (– hier kann es ohnehin nur darum gehen, das Geheimnis zu respektieren, in dem Freiheit *und* Unfreiheit des Menschen für uns verborgen sind –); und auch der Schuldgedanke hat entgegen vielfacher Meinung nichts mit der Willensfreiheit zu tun. Er setzt vielmehr für die Strafe nur voraus, dass sich der Täter *auch in* seinem geistigen Verhalten (und nicht nur in seinem Willensverhalten)[80] gegen die Grundwerte des Gemeinschaftslebens vergangen hat (– und so sehen wir denn ganz richtig davon ab, unreife Kinder und Geisteskranke wegen des von ihnen begangenen Unrechts zu bestrafen; bei diesen Tätern fehlt es nämlich an jener geistigen Wert-Teilhabe, die den Verstoß im geistigen Verhalten begründet; nur wenn der reife und vollsinnige Täter das Unrecht seiner Tat wenigstens erkennen konnte, liegt Schuld vor). Weil jedoch dieser

Gehalt des Schuldgedankens weithin nicht gesehen wird, zieht man verfehlt die Willensfreiheit unter dem Gesichtspunkt heran, dass der Täter die Tat „hätte vermeiden können". Wir müssen uns aber bei den Strafvoraussetzungen ganz damit begnügen, nur die geistige Teilhabe des Täters an dem jeweils betroffenen Werte (wie: Leben, Ehre, Eigentum usw.) und den Verstoß gegen diese eigene geistige Teilhabe festzustellen; mehr können wir gar nicht fragen und mehr auch nicht beantworten.

Gleichwohl behält der *Schuldgedanke* seine große Bedeutung – als die Frucht einer Jahrhunderte langen Entwicklung: nämlich als Be*grenzung staatlichen Strafens*. Versteht man ihn in dieser Weise, dann ist an ihm – entgegen allen leichtfertigen Schlagworten – aufs Entschiedenste festzuhalten. Denn dann ist dieser Schuldgedanke nicht etwa die Anmaßung einer Antwort auf die nie zu beantwortende Frage nach der menschlichen Willensfreiheit (im Sinne der Formulierung: Weil der Mensch frei ist, hat er Schuld) noch bezeichnet er das Faktum, das innerhalb eines Gerechtigkeitsmechanismus notwendig Strafe auslöst (im Sinne der Forderung: Wo Schuld ist, muss Strafe sein), sondern er bezeichnet die Schranke allen Strafens im Sinne des Verbots: Wo keine Schuld ist, darf nicht gestraft werden! und im Sinne des weiteren Verbots: Wo gestraft wird, darf das Maß der Strafe das Maß der Schuld nicht überschreiten!

II. Sinnlosigkeit und Sinnhaftigkeit des Strafens

Hat staatliches Strafen Sinn? – Und welchen Sinn hat es? Das sind die Fragen, die nunmehr zu beantworten sind. Und zwar sind diese Fragen im Hinblick auf die Sinnhaftigkeit gestellt, die das Strafen als Institution betrifft und die nicht etwa einzelne Sinnerlebnisse am Vorgang des Strafens meint.

Die Kritik der absoluten Straftheorien hat gezeigt, dass sich das staatliche Strafen der Gegenwart nicht auf ein sittliches Gebot zurückführen lässt, wonach Gerechtigkeit auf Erden herzustellen sei und jedermann das an Übel zugemessen werde, was seine Taten wert sind (Gerechtigkeitstheorie), und ebenso wenig auf ein Gebot, dem Täter zur sittlichen Selbstbefreiung von seiner Tat durch die Sühne zu verhelfen (Sühnetheorie). Die nüchterne Betrachtung des Strafens der Gegenwart zeigt eine Reihe von Phänomenen, die sich mit derartigen Geboten nicht vereinbaren lassen. Wollte man diese Gebote in der vorgeblichen Weise ernst nehmen, müsste man hier längst auf eine Reihe von Korrekturen drängen, die niemand erstrebt. So sind die Werterlebnisse, die sich in den absoluten Theorien niedergeschlagen haben, − wie sich noch zeigen wird: − richtig gesehen auf Teilvorgänge am einzelnen Strafen bezogen; sie werden in der Gerechtigkeits- und der Sühnetheorie in Verkennung des begrenzten Bezugs fehlerhaft der Einrichtung des Strafens im Ganzen unterlegt.

Die Kritik der spezialpräventiven Theorie hat gezeigt, dass wir das staatliche Strafen der Gegenwart nicht aus der Zweckhaftigkeit spezieller Prävention begreifen können; mag unser Strafen auch im Einzelfall einmal und öfters dahin führen, dass der bestrafte Rechtsbrecher in Zukunft keine Straftat mehr begeht, so ist es doch als Institution nicht auf diesen Zweck hin konzipiert. (Das erweist sich gerade auch im *Verzicht auf Strafe,* wenn er − wie in der Strafaussetzung zur Bewährung − mit einem spezialpräventiven Eingriff in die Lebensführung des Täters verbunden ist.) Auch für die Zukunft hat die kritische Analyse der Reformprogramme dieser Theorie nichts anderes ergeben; selbst wenn man die extremsten Reformwünsche berücksichtigt, wird immer etwas bleiben, was nur aus einer anderen, und zwar übergreifenden, Zweckhaftigkeit der staatlichen Verbrechensreaktion zu verstehen ist, nämlich aus dem Zweck der Generalprävention. Denn es wird durchweg auch dort an dem *Übel* der Freiheitsentziehung festgehalten, wo es spezialpräventiv nicht begründet werden kann; und das gilt auch dann, wenn diese Freiheitsentziehung im Einzelfall möglichst spezialpräventiv ausgestaltet wird und dabei den Anschein einer Therapie bekommt. Wenn nun aber die staatliche Verbrechensreaktion als Institution heute und in Zukunft nicht im Ganzen spezialpräventiv begriffen werden kann, dann braucht in diesem Zusammenhang die Frage nach der Sinnhaftigkeit der Spezialprävention (und das heißt auch: nach dem sittlichen Recht, so zu strafen) gar nicht mehr gestellt zu werden.

Vielmehr ist festzustellen, dass sich *aus dem Gedankengut der Theorien nur die Generalpräventionstheorie* für die Frage verwerten lässt, die auf *die Institution der Strafe* bezogen ist. Wir haben jedenfalls oben die Zweckhaftigkeit des Strafens in dieser Richtung fürs erste bejaht; und das ist nunmehr noch näher zu erörtern, bevor die entscheidende Frage beantwortet werden kann, ob es auch Sinn hat, zu dem von dieser Theorie bezeichneten Zwecke zu strafen.

Zunächst ist daran zu erinnern, dass sich die generalpräventive Theorie nicht in jener perfektionistischen Gestalt aufrechterhalten lässt, nach der durch das Strafen überhaupt alle Rechtsbrüche verhindert werden sollen; diese Vorstellung ist zweimal utopisch: Kein Täter wird jemals an die Aufdeckung sämtlicher Straftaten glauben, und so wird sich fast jeder Täter eine Chance errechnen, nicht gefasst zu werden; sodann gehört zu jeder Gesellschaft – wie es die moderne Soziologie ausdrückt[81]: – auch das „abweichende Verhalten"; eine Gesellschaft, in der nicht auch das ihren Normen zuwiderlaufende Verhalten vorkäme, wäre steril und damit i. S. einer ursprünglichen, auch die Schranken gelegentlich missachtenden Vitalität lebensunfähig.

So ist – wie schon oben S. 62 ff. erörtert worden ist – im Hinblick auf die generalpräventive Zweckhaftigkeit des Strafens der erreichbare Zweck von vornherein so eingeschränkt zu sehen, wie dies den Lebenstatsachen entspricht: Nach ständiger Erfahrung verhindert das Strafen in unzähligen Fällen, dass Verbrechen heimlich begangen werden (nämlich immer dann, wenn dem potentiellen Täter das Risiko der Entdeckung zu groß erscheint, oder auch, wenn er schon den ersten Gedanken an derartiges Tun aus genereller Furcht vor Strafe zurückdrängt), und fast durchgehend verhindert es, dass Verbrechen offen und unbekümmert begangen werden (und zugleich, dass sich der Täter hernach etwa offen eines heimlich begangenen Verbrechens rühmt).

Im Grunde handelt es sich bei diesem Ergebnis unserer kritischen Überlegungen um eine ganz einfache Wahrheit. Vielleicht weicht man ihr deshalb so häufig aus, weil sie die Verantwortung der Strafenden schwerer macht, als es die anderen Auffassungen tun. Dabei lässt sich nicht leugnen, dass diese Wahrheit ständig durch die Strafgesetzgebung bestätigt wird. Durchaus generalpräventivzweckhaftes Handeln der Staatsorgane zeigt sich vor allem dort, wo ein Verhalten erstmals unter Strafe gestellt wird, sei es, dass ein Verhalten – etwa infolge technischer Neuerungen – selbst neuartig ist, sei es, dass es erst jetzt das Gemeinschaftsleben empfindlich zu stören beginnt. Erst vor wenigen Jahren hat die Technik jedermann in die Lage versetzt, mit Hilfe eines Tonbandgerätes heimlich fremde Reden festzuhalten; sollte derartiger Missbrauch um sich greifen, würde dadurch – wie man sich leicht vorzustellen vermag – das Gemeinschaftsleben ganz empfindlich gestört werden. Nur aus dieser Befürchtung heraus hat der deutsche Gesetzgeber durch Gesetz vom Dezember 1967 den Missbrauch von Tonaufnahme- und Abhörgeräten (in §§ 298 und 353d StGB)[13] unter Strafe gestellt; danach wird bestraft, wer „unbefugt das nichtöffentlich gesprochene Wort eines anderen auf einen Tonträger aufnimmt oder eine so hergestellte Aufnahme gebraucht oder einem Dritten zugänglich macht". Ein anderes allgemein bekanntes Beispiel ist die Strafe gegen Überschreiten von Höchstgeschwindigkeiten innerhalb geschlossener Ortschaften: Erst mit zunehmender Motorisierung wurde die vorher noch zugelassene Geschwindigkeit so gefährlich, dass sie generell verboten wurde; man beschränkte die Fahrgeschwindigkeit noch mehr als zuvor, gab entsprechende Strafdrohungen bekannt und erreichte nach einer Übergangszeit, dass nicht nur langsamer als zuvor gefahren wurde, sondern auch, dass sich weniger schwere Unfälle ereigneten als zuvor. Dies alles sind keine Geheimnisse. Wir sehen, dass die Staatsorgane Strafe einsetzen, um allgemein von einem bestimmten Verhalten abzuschrecken. Und wenn wir das Androhen neuer Strafen so begreifen, dann können wir das Festhalten an herkömmlichen Strafen nicht anders begreifen (was dann besonders deutlich wird, wenn es darum geht, ob eine Strafdrohung abgeschafft werden soll). Es sollen also durch das Strafen unerträgliche Störungen des Gemeinschaftslebens vielfach verhütet werden,

d. h. jedenfalls soll sich das durch die Strafdrohung als verbrecherisches Verhalten gekennzeichnete Tun nicht offen behaupten können. Der Erfolg dieses Vorgehens ist offensichtlich. Dass hier die allgemeine Strafdrohung, die Verfolgung entsprechender Untaten, die Verhängung und die Vollstreckung der Strafe im einzelnen Falle als Einheit zusammengehören, leuchtet ein; eine Strafdrohung droht nicht mehr, wenn nie eine Strafe verhängt und vollstreckt wird, und die Vollstreckung mit dem durch das Strafurteil allgemein erkennbar gemachten Bezug auf die missbilligte Tat enthält zugleich auch wieder die neue Drohung für die Zukunft.

Betrachten wir die Gegebenheiten bei den potentiellen Tätern psychologisch, so ist sicher, dass auch ein Abwägen in der Art, die Feuerbachs Theorie vom psychologischen Zwang (oben S. 28 f.) entspricht, gar nicht selten ist; so riskiert mancher im Inland eher eine Strafe als im Ausland, was deutlich das Abwägen zwischen möglichem Tatvorteil und Strafübel erkennen lässt. Im Übrigen ist es je nach Umständen die lebhafte oder schon die geringe Furcht, entdeckt zu werden, die den einzelnen vom Verbrechen abhält. Nur ganz selten werden Untaten in der sicheren Erwartung von Strafe begangen. Sogar dort, wo der Mensch dem Tiere am nächsten zu stehen scheint, etwa im Verbrechen der Notzucht[14], lässt der Täter regelmäßig sofort von der Tat ab, wenn er plötzlich erkennt, dass er mit sicherer Strafe zu rechnen hat[82]. Die verbissensten Raufereien finden oft durch den Ruf: „Die Polizei kommt!" ein rasches Ende. (Man vergleiche dagegen, wie schwer raufende Hunde auseinander zu bringen sind.)

Wo freilich der Täter das Entdecktwerden nicht fürchtet – sei es, dass er in der Tatsituation gar nicht an die Gefahr der Strafe denkt, sei es, dass er diese Gefahr dank der Heimlichkeit seines Vorgehens für ausgeschlossen hält –, da hat alle Strafdrohung ihre Kraft verloren, und das mag oft genug vorkommen. Noch viel öfter aber wirkt die Strafdrohung unabhängig von jeder Tatsituation: nämlich überall da, wo bei einem, der das staatliche Strafen aus dem täglichen Bekanntwerden wenn auch nur in Umrissen miterlebt, von vornherein keine Lust zur Begehung bestimmter Taten aufkommt, so dass ein Stadium näheren Überlegens und Abwägens weitgehend ausgeschlossen wird[83]. Eine solche besonders erfreuliche Wirkung ist aber nur zu erwarten, wenn das staatliche Strafen weithin auch tatsächlich als „Machtäußerung des sittlichen Lebens" erlebt wird. Dafür ist wohl vorauszusetzen, was zum Teil schon zu Idee und Begriff der Strafe zu sagen war: Die Tat, auf die sich die Strafe bezieht, muss nach lebendigem sittlichen Urteil verwerflich sein, sei es schon unmittelbar dem sittlichen Verbote nach (Du sollst nicht töten usw.), sei es insofern, als ein staatliches Gebot oder Verbot in einen staatlicher Regelung vernünftigerweise unterliegenden Bereich fällt (vernünftige Steuergesetzgebung, nähere Regelungen im Straßenverkehr usw.). Zu dieser Verwerflichkeit der Tat gehört für ein modernes Strafrecht auch, dass der Täter schuldhaft gehandelt, d. h. dass er sich – wie schon oben S. 84 gezeigt worden ist – in der unrechten Tat über seine eigene geistige Teilhabe an den Grundwerten des Gemeinschaftslebens hinweggesetzt hat. Schließlich muss die Strafreaktion als angemessen erlebt werden können[84].

Unter diesen Voraussetzungen bewährt sich im staatlichen Strafen das allgemeine sittliche Urteil, und derjenige, der sich anständig verhält, sieht sich in seinem Verhalten bestätigt; die bösen Beispiele bleiben ohne große Nachfolge. Es kann aber auch die Bildung neuen sittlichen Urteils durch Strafe einigermaßen gefördert werden – nicht freilich, als ob man willkürlich sittliche Urteile zuwege bringen könne und als ob man nur ein Strafgesetz schaffen müsse gegen etwas, was man für verwerflich hält, sondern so, dass neuen Verhältnissen gegenüber die – bei aller Vorsicht – richtige Beurteilung gefördert werde; dies scheint derzeit in besonderem Maße bei der Trunkenheit am Steuer wie überhaupt bei rücksichtslosem Verhalten im motorisierten Straßenverkehr der Fall zu sein (wo man heute wohl noch viel zu oft ein Kavaliersdelikt des „rasanten" Fahrers sehen zu können glaubt).

Schließlich ist noch die tabuisierende Wirkung des staatlichen Strafens in diesem Zusammenhang besonders hervorzuheben; sie hat Bedeutung für die soziale Geltung der Grundnormen (Verbote und Gebote) des staatlich geordneten gesellschaftlichen Zusammenlebens. Da die Rechtsverstöße weithin in die Heimlichkeit verlegt werden und die Täter sich auch nach der Tat in aller Regel nicht zu diesen Rechtsverstößen bekennen, erscheint die Geltung der Normen umfassender als es der heimlichen Wirklichkeit entspricht. Dies kann die faktische Anerkennung der Normen in der Gesellschaft nur erhöhen.

Begnügen wir uns mit diesen wenigen ergänzenden Überlegungen zur Generalprävention, so ist doch alles in allem sicher, dass Strafe nicht nur in großem Umfang dem Verbrechen vorbeugen kann, sondern dass sie auch zu diesem Zweck heute wie seit langem von einer gefestigten Staatsgewalt eingesetzt worden ist und noch immer wird. Und sie erfüllt ihren Zweck, wenn sie das Verbrechen auf einen Umfang zurückdrängt, der das Ganze des Gemeinschaftslebens nicht zu sehr beunruhigt. Man wird es am praktisch vorzufindenden Sicherheitsgefühl in der Gesellschaft ablesen können, ob dieser Zustand erreicht ist oder nicht.

Es ist also, wir sehen es, das staatliche Strafen auf einen Zweck zu beziehen, der auch weithin erreicht wird, wenn man ihn von vornherein durch das überhaupt Erreichbare beschränkt sieht. Unser Strafen ist also grob gesehen durchaus zweckmäßig. Aber: der Zweck allein heiligt nicht die Mittel. So ist nun, nachdem die Frage nach der *Zweckhaftigkeit des Strafens* beantwortet ist, die entscheidende Frage nach der *Sinnhaftigkeit des Strafens* und damit nach dem Recht zur Strafe anzugehen: Hat es Sinn, zu diesem Zwecke der Generalprävention zu strafen? D. h. nach allem bisher Erörterten: Kann darin, dass den Straftätern durch die Strafe ein Übel auferlegt wird, die Verwirklichung eines sittlichen Wertes gesehen werden? Die sachgerechte Beantwortung dieser Frage setzt voraus, dass das staatliche Strafen nicht nur als das gesehen wird, was man hier jeweils dem Bestraften antut (– ihm wird ein Übel zugefügt), sondern dass es auch auf den Zweck hin gesehen wird, auf den dieses Tun gerichtet ist (– die Allgemeinheit soll möglichst von der Verbrechensbegehung abgehalten werden).

Was das erste, *die Beziehung zum Täter,* betrifft, ist die Antwort in den bisherigen Überlegungen schon enthalten: Es gibt kein sittliches Postulat, das uns aufgibt, Übles mit einem Übel zu vergelten.

(Im Gegenteil: Wenn wir die christlich-abendländische Ethik zugrunde legen, dann soll niemand „Böses mit Bösem" vergelten: „Überwinde das Böse mit Gutem"[85].) Unser Strafen ist also sinnlos. So sagen wir auch: Was strafen wir die Leute? Wir vermehren doch nur das Übel in der Welt! – Es ist sinnlos, den Mörder einzusperren, der Tote wird nicht wieder lebendig. Was sperren wir den Betrüger und den Dieb ein? Ihre Familien leiden am meisten darunter; viele andere begehen die gleichen Untaten, man fasst sie nicht, und sie leben ein fröhliches Leben.

Wir erkennen die Sinnlosigkeit des Strafens an unserem eigenen Verhalten. So werden Diebstähle meist nur deswegen angezeigt, weil der Bestohlene wieder zu seinem Eigentum kommen will; wenn der Dieb seine Tat bereut und die gestohlene Sache vor der Anzeige dem Eigentümer zurückbringt, dann wird der Dieb kaum je noch mit einer Strafanzeige zu rechnen haben, obwohl Polizei und Staatsanwaltschaft die Tat gleichwohl verfolgen müssten. – Erfährt ein Richter in irgendeinem gerichtlichen Verfahren von einer noch nicht verfolgten Straftat, so ist er nicht verpflichtet, sie der Staatsanwaltschaft als der zur Anklage befugten und berufenen Behörde mitzuteilen und damit die Bestrafung des Täters herbeizuführen; und die Erfahrung zeigt, dass es selten zu derartigen Anzeigen kommt (nur eine in der Sitzung selbst begangene strafbare Handlung hat der Richter festzustellen und der zuständigen Behörde mitzuteilen). – Auch vom Staatsanwalt und vom Polizisten verlangen wir nicht, dass sie Taten verfolgen, die ihnen außerdienstlich bekannt geworden sind – es sei denn, dass es sich um besonders schwere Delikte handele. So finden wir selbst innerhalb der Staatsorgane ein ausbalanciertes System der Strafverfolgung, das es öfter, als wir meist zunächst annehmen, dem Zufall einer Strafanzeige überlässt, ob ein Verbrechen verfolgt wird oder nicht. Es wäre gewiss anders, wenn wir die Bestrafung als sittliches Gebot gegenüber dem Täter erleben würden. Und wenn wir gar an die Bewährungshelfer denken, die seit 1953 nach unserer Rechtsordnung sowohl erwachsenen wie vor allem auch jugendlichen Tätern nach einer Strafaussetzung „helfend und betreuend zur Seite" (§ 24 c StGB)[15] stehen, so kann nach aller Erfahrung gesagt werden: Es wird kaum einen Bewährungshelfer geben, der nicht schon wiederholt von neuen Straftaten der Probanden Kenntnis bekommen und doch davon abgesehen hätte, sie dem Gericht mitzuteilen (wozu er auch gar nicht in jedem Falle verpflichtet ist)!

Strafen ist also – im Verhältnis zum Bestrafen – sinnlos. Sollen wir nun ganz darauf verzichten? Kaum stellen wir diese Frage, so kommt die auf das Gemeinschaftsleben bezogene Zweckhaftigkeit des Strafens in den Blick und wir werden uns der Zwiespältigkeit unseres Erlebens bewusst: Wir denken an Güter und Werte, die wir zu schützen haben; wir sehen das viele Leid vor uns, das so viele Unschuldige träfe, wenn Straftaten ungestraft offen begangen werden könnten und damit aufs schlimmste überhand nähmen; wir sehen, dass Wohl und Wehe der Witwen und Waisen von unserem Strafen abhängt, und halten fest an dieser sinnlosen Einrichtung, die wir also – wie sonst sollten wir bei aller Besinnung daran festhalten? – doch auch wieder als geboten erleben. Es zeigt sich, dass nicht nur das Wohl des Nächsten – hier des Bestraften – ein Wert ist, den wir zu achten haben (ein Wert, der im Gebot der Nächstenliebe formuliert ist), sondern dass auch die gedeihliche Existenz eines menschenwürdigen Gemeinwesens ein Wert ist, den wir zu achten haben (ein Wert, der sich nach Nietzsche[86] als Fernstenliebe bezeichnen lässt). Im Wert des gedeihlichen Gemeinschaftslebens geht es um ein vitales Gut für uns alle, die wir in der und von der Gemeinschaft leben vom ersten Tage unseres Daseins an. Es ist schmerzlich genug, feststellen zu müssen: Wir erkaufen die Wohlfahrt des Gemeinwesens und damit auch die Grundlage der Entfaltung aller höheren Kultur mit den Übeln, die wir einigen unserer Mitmenschen zufügen. Gewiss: wir beziehen die Übel, die wir zufügen, auf die Übeltaten der Bestraften; wir sehen die Strafe selbst in mannigfacher Weise – wie sich noch zeigen wird – in sittlich-werthafte Zusammenhänge einbezogen. Und doch bleibt es dabei, dass wir in der Strafe entgegen dem Gebot der Nächstenliebe anderen Gewalt antun.

Liegt in all dem ein Bekenntnis zum verpönten Utilitarismus? Dass das Maß unseres Verhaltens nur dessen Nützlichkeit sei? Gewiss nicht – wir würden den Zwiespalt, auf den wir gestoßen sind, nur wieder verdecken. Aber unser staatliches Strafen jedenfalls, im Ganzen gesehen, lässt sich nur aus seiner Beziehung auf den Wert des Gemeinwohls erfassen („auf den Wert der Wohlfahrt einer Gemeinschaft lebendiger Wesen", wie Scheler sagt[87]). Hier jedenfalls folgen wir der Glückseligkeitslehre, zwar nicht, dass wir individuell eigenes Glück erstreben, aber eben doch das Glück der Gemeinschaft, dem wir das Glück des Einzelnen opfern. Es ist die schmerzliche Einsicht, dass das Strafen – wie überhaupt alle staatliche Rechtsordnung, die sich faktisch letzten Endes immer auf die Macht zur Strafe stützt – nichts als eine Notmaßnahme ist, nichts als ein Ausdruck unserer menschlichen Unzulänglichkeit, Reflex unserer Egoismen, die die Gewalt notwendig machen, wenn das Ganze gedeihen soll[88]. Hier aber schützt Strafe nicht nur die allgemeinsten Lebensgüter, sondern sie ermöglicht zugleich die Entfaltung allen höheren kulturellen Lebens. „Das Recht ... ist wohl Schutzinstanz, aber keineswegs nur für die niedrigen Güterwerte, sondern auch für die höheren und höchsten Werte, die von seiner Ordnung direkt nicht betroffen werden. Alle höheren geistigen, alle eigentlichen Kulturwerte, können nur erblühen, wo Leib, Leben, Eigentum, persönliche Handlungsfreiheit usw. sichergestellt sind. Nur da ist eben Spielraum für ein höheres Streben." [89]

Es ist leicht, den Charakter der Notmaßnahme zu verdeutlichen. Hätten etwa wir Deutschen im Jahr statt über 600 000 strafgerichtlicher Verurteilungen nur deren 600 (in der Bundesrepublik) und hielte dieser paradiesisch freundliche Zustand offensichtlich an, wir würden uns gewiss nach einiger Zeit entschließen, alle Strafen abzuschaffen, die Untaten nur noch öffentlich zu missbilligen und den Tätern zu verzeihen. Da es aber so viel mehr Untaten sind, nehmen wir die „tiefe ethische Schwierigkeit" hin, „die in der Strafe wie im Kriege vorliegt" und die sich augenscheinlich ergibt „aus der eigentümlichen Bindung, die das höhere Leben hier mit der Gewalt eingehen muss, wenn es sich in der Wirklichkeit behaupten will." [90]

Sehen wir so, dass Strafen „Not-wendig" ist für ein einigermaßen erträgliches Gemeinschaftsleben, und sehen wir zugleich dort einen sittlichen Wert verwirklicht, wo mit menschenwürdigen Mitteln ein menschenwürdiges Gemeinschaftsleben erstrebt wird, so kommt aus dieser Mittel-Zweck-Beziehung dem Strafen selbst eben dann Sinnhaftigkeit zu, wenn es menschenwürdig geübt wird. Zwar bleibt es unmittelbar in der Beziehung von Strafenden zu Bestraften bei der Sinnlosigkeit der Übelszufügung, wie wir sie oben festgestellt haben; aber ein Reflex des Sinnes, der in der Förderung des Gemeinschaftslebens liegt, fällt doch auch auf das Strafen, und *in diesem Sinne ist das Strafen selbst mittelbar sinnhaft.*

Ein etwas banaler Vergleich soll die Wertstruktur verdeutlichen: Wenn die herrlich blühenden Tulpen, die ganze Freude des Gärtners, von fremden Leuten niedergetrampelt werden, so wird niemand – wenn er nur diesen Vorgang sieht – diese Zerstörung als sinnvolles Tun bezeichnen. Zeigt sich aber, dass im Hause des Nachbarn ein Brand ausgebrochen und dass diesem Brand nur dann beizukommen war, wenn die Feuerwehrleute das Tulpenbeet wiederholt betraten, so war dessen Zerstörung erlaubt und mittelbar eben auch sinnvoll, da die Löschung eines gefährlichen Brandes sinnvoll der Erhaltung eines Tulpenbeetes vorgeht. Wie hier das Tulpenbeet (und das Recht des Eigentümers, seine Sache unversehrt zu haben) dem dringlicheren Anspruch auf Abwehr des Brandes geopfert wird, so werden im Strafen gewisse Rechte des Einzelnen (vor allem Freiheit und Vermögen) dem Gemeinwohl geopfert. Allerdings ist der Zusammenhang nicht so unmittelbar zu erkennen und als einleuchtend hinzunehmen wie in unserem banalen Beispiel; und es belastet die Strafenden besonders, dass die Strafe in ganz gravierender Weise die Person und den Lebensgang des einzelnen Menschen treffen kann und oft trifft. Außerdem erhöht es die Verantwortung der Strafenden, dass die Strafe auf der Seite der strafenden Gesellschaft immer auch dort (wenigstens teilweise) Befriedigung verschaffen kann, wo sich ganz niedere menschliche Triebe regen (– sei es nun der „Rachetrieb", sei es das Austoben eigener Aggressionslust; und leider ist eben in der Geschichte das Strafen oft so weit pervertiert worden, dass es die volle Befriedigung niedrigster Instinkte ermöglichte).–

Dem Ergebnis unserer Überlegungen, dass nämlich *das Strafen sinnlos und sinnhaft zugleich* ist, entspricht die Zwiespältigkeit unseres Erlebens. Wir sehen uns verpflichtet, um des Gemeinwesens willen zu strafen, und tun es doch immer auch mit schlechtem Gewissen gegenüber dem einzelnen Bestraften, weil wir ihn als Mittel zum Zweck der allgemeinen Verbrechensbekämpfung benutzen. Wenn wir hier nichts beschönigen, dann müssen wir uns jedenfalls zu dieser Einsicht bequemen, einer Einsicht, die der seit dem deutschen Idealismus genährten Prüderie freilich schwerfällt. Ausgehend von der Formulierung Kants, wonach Strafe nie bloß als Mittel verhängt werden darf (vgl. oben S. 22), meint man in der deutschen Praxis und Lehre und auch anderswo allzu häufig, dass nicht sein kann, was nicht sein darf. Aber gleichwohl ist es so, dass wir die Strafe bloß als Mittel zum Zweck verhängen, und zwar nicht etwa aufgrund einer Theorie, sondern weil wir kein besseres Mittel sehen. Die Strafe ist immer ein Opfer, das wir dem Bestraften auferlegen, − ein Beitrag zum Leben des Gemeinwesens, den wir dem überführten Rechtsbrecher mit Gewalt abverlangen. Und das Opfer ist umso größer, je weniger die Strafe alle trifft, die sie gerechterweise treffen müsste. Denken wir an drei Leute, deren jeder einen Mord begangen hat: Der erste wird gar nicht verdächtigt und lebt allgemein geachtet ein ordentliches Leben, der zweite kann die Sache durch allerlei Künste verschleiern und wird schließlich aus mangelndem Beweise freigesprochen, der dritte bekennt die Tat oder wird durch Zeugen überführt und verbringt 20 Jahre hinter Gittern: wie groß ist das Opfer, das wir ihm auferlegen! Aber nicht nur in solch krassen Fällen: immer ist die Strafe ein Opfer, das wir auferlegen. Wir strafen unsere Mitmenschen nicht, damit ihnen Gutes widerfahre, sondern damit uns nichts Schlechtes widerfahre; nicht, weil wir ihnen so weiterhelfen können, sondern, obwohl wir sie dadurch ihr ganzes Leben hindurch unglücklich machen können.

Aber es ist nicht die nackte Gewalt, die wir hier einsetzen, sondern eben eine, die sich in vielfältige kulturelle Zusammenhänge eingebaut findet. Dies sind Momente, die uns vor unserem Gewissen die Verantwortung erleichtern. Und wir sehen auch, dass das Verhältnis des Einzelnen zur Gemeinschaft das des gegenseitigen Gebens und Nehmens ist; jeder Einzelne ist in die Gemeinschaft geboren; sie gibt seiner Existenz vielseitig Schutz und ermöglicht sein höheres Leben durch Tradition geistiger Gehalte aller Art. Der Einzelne leistet seinen Beitrag vielfältig zum Ganzen; vergeht er sich gegen die Ordnung des Gemeinwesens, so hat er diesen Beitrag in Form der Strafe zu leisten, die ihm auferlegt wird. Hier nimmt die Gemeinschaft, wessen sie bedarf; aber sie darf nicht unbegrenzt nehmen. Entscheidend ist immer die Grenze, die hier zu ziehen ist. Tyrannen und Terrorsysteme haben nie erst die Strafe eingeführt, sie haben sie missbraucht.

Wer einsieht, dass staatliches Strafen im Ganzen nur als Ausdruck eines sozialen Utilitarismus begriffen werden kann, der gibt damit nicht die Wege frei, dass der Einzelne zum bloßen Objekt werde. Vielmehr wird gerade von hier aus die Grenze allen Strafens zum eigentlichen sittlichen Problem. Nachdem einmal Ja gesagt worden ist zum Strafen, ist hier die Aufgabe, die immer uns allen gestellt ist. Nie darf der Wert der Wohlfahrt des Gemeinwesens einseitig gesehen und absolut gesetzt werden, soll nicht Strafe zu Terror entarten. Erst aus dem ständigen Vergewissern aller sittlichen Forderungen, die an uns herantreten, kann die Grenze einigermaßen befriedigend gefunden werden, die immer auch der Verfolgung noch so vitaler Interessen des Gemeinwesens gesetzt ist. Dürfen wir Geiseln im Kriege erschießen, damit sich der Gegner zu einem bestimmten Verhalten genötigt sehe? Dürfen wir einen Pockenverdächtigen gewaltsam wochenlang in Quarantäne halten? einem Reichen Hab und Gut nehmen und es hundert armen Familien geben? einem Grundstückseigentümer sein Land nehmen und eine Straße darauf bauen? regierungsfeindliche Demonstranten auseinander treiben? Dürfen wir die Familie des geflüchteten Staatsfeindes einsperren oder sonst nachteilig behandeln? einen Obstdieb zehn Jahre einsperren? Homosexualität oder Kuppelei oder Sodomie oder Inzucht bestrafen? – Wo überall ist die Grenze?

Wir bejahen den Wert eines geordneten Gemeinwesens und dürfen ihn nie absolut setzen. Wir finden uns in das missliche Strafen und

müssen es immer neu begrenzen. Wir tun im Strafen das gegenüber dem Bestraften Sinnlose und versuchen, es so zu tun, dass
wenigstens die einzelne verhängte Strafe als sinnvoll erlebt werden kann. Hier liegen die Aufgaben, die – so unmittelbar erlebt –
oft zu Unrecht als dem Ganzen des Strafens zugrunde liegend angesehen werden. Wir strafen jedoch nicht um der Gerechtigkeit
willen, aber: Wenn wir schon strafen, dann möglichst gerecht; –
nicht um der Sühne willen, aber: Wenn wir schon strafen, dann
soll das Erleben von Sühne nicht unmöglich gemacht werden; wir
strafen nicht, um auf den einzelnen bessernd und erziehend einzuwirken, aber: Wenn wir schon strafen, dann soll alles geschehen, damit der Bestrafte neues Vertrauen zu sich und seinen Mitmenschen finden und auf einen besseren Weg kommen kann. Sinn
der Strafe? – Hier zeigt sich, wenn Sinn als Sinn für jemanden
immer geistiges Werterleben ist, mannigfacher Sinn an den einzelnen Stationen des Strafens als möglich; und nur, wenn wir das
Phänomen der Strafe auch von diesen Seiten her sehen, können
wir es richtig erfassen und zugleich auch verstehen, dass die in
den Straftheorien festgehaltenen Gedanken und Werterlebnisse
doch irgendwo ihren Platz haben.

Hier erst finden wir die Strafe eingebettet in die geistige Situation
ihrer Zeit und ihres Orts, deren Ausdruck sie ja schon immer ist.
So kennen wir es auch aus der Geschichte der Völker: dass die
Gewalt, mit der die Gemeinschaft auf schwerere Rechtsbrüche re-
agierte, verstanden wurde als Dienst an der Gottheit, als Darbrin-
gen eines Sühneopfers (etwa bei den alten Juden)[91] oder aus einem
uneingeschränkten Gerechtigkeitserleben, wie es vielleicht im
Mittelalter lebendig war. Man wird Werterlebnisse anderer Zeiten
und Kulturen nie angemessen nachvollziehen können, und so werden wir auch der Grausamkeit früheren Strafens mit unserem heutigen Blick nicht gerecht werden. Umso mehr sind wir uns dessen
bewusst, wie schnell hier ein Wandel möglich ist und wie wenig
unser heutiges Erleben als Bild für alle Zukunft genommen werden darf. Noch vor hundert Jahren hätte man es in Deutschland
aus Gründen der Gerechtigkeit für unerträglich gehalten, eine
wenn auch nur kleine Diebstahlsstrafe nicht zu vollstrecken; heute

setzen wir die Vollstreckung derartiger Strafen meist zur Bewährung aus. Mit solchem Wandel ist unsere Verantwortung auch größer geworden. Wenn man einst das Strafen als ein Handeln im ausschließlichen Dienste der Gerechtigkeit erlebte, dann war im Einzelfall jede Strafe recht, wenn sie nur im richtigen Verhältnis zu den anderen Strafen stand; konnte man den Übeltäter nicht fünfmal töten, so machte man wenigstens die eine mögliche Hinrichtung so grausam und langwierig wie möglich. Wir aber, die wir die Institution des Strafens nur auf den Wert des gedeihlichen Lebens der Gemeinschaft beziehen können, stehen immer vor der Aufgabe, die Grenzen dieses Strafens richtig zu ziehen und wenigstens in der einzelnen Strafe jenes Sinnerleben zu ermöglichen, von dem im nächsten Abschnitt die Rede sein soll.

B. Die Einzelerlebnisse am Vorgang des Strafens

Haben wir bislang nach der überindividuell-allgemeinen Zweck- und Sinnhaftigkeit des staatlichen Strafens als Institution gefragt, so geht es nunmehr um *die individuellen Zweckvorstellungen und Sinnerlebnisse,* die für alle am Vorgang des Strafens Beteiligten möglich sind. Hier ist zunächst Raum für die entschiedenste Subjektivität jedes Menschen: Welchen Zweck er sich handelnd setzt oder welche Zweckvorstellungen er mit einem Handeln verbindet, das er in den rechtlich geordneten Bahnen des Strafens vornimmt, das ist ganz seine Sache; und ebenso ist es seine Sache, welchen Sinn er, handelnd oder duldend, am Strafvorgang erlebt. Da aber alle diese Erlebnisse einem einheitlichen Kulturbereich angehören, lassen sich hier Erlebenstypen finden, die aus der jeweils gemeinsamen Grundlage anerkannter sittlicher Werte erwachsen. Es zeigt sich, dass einzelne Vorgänge am Strafen bei gleicher Art der Beteiligung weithin gleichartig als sinnvoll erlebt werden, etwa von den Richtern oder von den Strafvollzugsbeamten; und dies bedeutet nichts anderes, als dass die Ideen, die diese am Strafen Beteiligten in ihrem Tun zu verwirklichen suchen, jeweils nicht nur im Besitze einzelner Personen sind.

Im Übrigen haben wir bei unserer jetzigen Frage zu beachten, dass sich subjektive Zweckvorstellungen nur bei solchen Personen finden können, die selbst handelnd am Strafen beteiligt sind, wogegen Sinnerlebnisse auch dort möglich sind, wo jemand nicht handelt, sondern nur duldet oder sonst miterlebt.

Die Betrachtung der Einzelerlebnisse am Strafvorgang wird uns schließlich zeigen, dass hier alle jene Aspekte ihren Platz haben, die sich in den einzelnen Straftheorien finden und die wir für die Theorie der Institution des Strafens kritisch abgelehnt haben. Diese Einzelerlebnisse setzen eben das Strafen als solches schon voraus, und das heißt auch: Sie stellen es selbst gar nicht mehr in Frage.

1. Der Sinn der Strafe für den Bestraften

Der Bestrafte selbst kann, da die Bestrafung und das Erleiden des Strafübels nicht sein Handeln sind, kein Zweckbewusstsein mit diesem Geschehen verbinden. Gewiss jedoch kann er in diesem Geschehen einen Sinn erleben; aber ob er dies tut und welchen Sinn er erlebt, ist ganz ein Stück seiner Person[92]. Seine Mitmenschen können ihm ein Sinnerleben nur erleichtern oder erschweren, und es ist nie vorherzusehen, ob nicht die bestgemeinte Hilfe ins Gegenteil verkehrt wird. Hier ist so leicht alles verloren, und es kann doch auch alles gewonnen werden.

Zunächst ist die Strafe für den Bestraften – in aller Regel – ein Übel, das er zu erdulden hat (insoweit nicht anders als eine Krankheit oder eine Hungersnot); es ist ihm aber bewusst, dass ihm dieses Übel auferlegt wird als Reaktion auf einen Rechtsbruch, also in einem offensichtlichen Bedeutungszusammenhang. Dass der Bestrafte diesen Zusammenhang erkennt, besagt jedoch noch nicht, dass er auch einen Sinn (in der Bedeutung, die uns hier interessiert) in seiner Bestrafung erlebt, d. h. dass er mit dem Erleiden des Strafübels die Verwirklichung sittlicher Werte verbindet.

Allzu oft erlebt der Bestrafte die Strafe als etwas radikal Sinnloses: Er sieht in ihr nur den Racheakt der Gesellschaft, tut alle sittlichen Aspekte als Heuchelei ab, empfindet grenzenlose Ungerechtigkeit (dass man gerade nur ihn einsperre und nicht auch die vielen anderen, die wegen gleicher oder gar schwererer Untaten längst eingesperrt gehörten); er klagt sich allenfalls wegen seines Ungeschicks an, dass er die Untat nicht verborgen zu halten vermochte, und nimmt sich vor, die nächste Tat klüger zu planen und geschickter auszuführen. – Mancher andere Bestrafte, der auch keinen Sinn in der Strafe sieht, setzt sich doch vor, in Zukunft die Gesetze zu respektieren, um nicht mehr ins Gefängnis zu kommen. Er hat – wie er es sieht – „Pech gehabt" und befürchtet fürs nächste Mal nur wieder solches „Pech". Später mag er die verbüßte Strafe gar als sinnvoll empfinden, da sie sein Leben in andere Bahnen gelenkt habe. – Ein anderer, nachdem er nun einmal zu Recht eines Verbrechens bezichtigt wird, erkennt seine Schuld und bekennt seine Tat; er sieht ein, dass Strafe sein müsse, und nimmt sie willig auf sich mit der Empfindung, dadurch die unangenehme Angelegenheit – sein Verbrechen – innerlich loszuwerden. – Wir kennen schließlich die freilich seltenen Fälle, dass der Verbrecher selbst in Reue die Strafe sucht wie jener Mann, der, nachdem er in den unruhigen Verhältnissen nach dem letzten Kriege einen Mord begangen hatte, über sich selbst erschrak und in mancherlei selbstloser Tätigkeit innere Ruhe suchte und doch nicht fand, so dass er sich 10 Jahre nach der Tat schließlich der Polizei stellte, die Untat bekannte und bestraft wurde.

In diesen knappen Bildern, die sich vielfältig abwandeln ließen, zeigt sich unterschiedlichste Art des Straferlebens durch den Bestraften; dabei hat wohl schon in so kurzer Schilderung das Verhalten des reuig seine Strafe suchenden Verbrechers für den Betrachter etwas entschieden Beruhigendes, und zwar ganz offenbar deshalb, weil hier der Bestrafte in seiner Bestrafung einen Sinn erlebt.

Es ist schwierig, das diesen Sinn begründende Werterlebnis näher zu bestimmen; so hebt mancher Betrachter der Strafe von dieser Seite her das Irrationale, gar das Sakrale an ihr besonders hervor[93].

Wenn dann in diesem Zusammenhang gesagt wird, dass der Verbrecher die Strafe als *Sühne* auf sich nehme, so wird das Bild solcher Sühne weithin aus religiösem Erleben gesehen: dass der Übeltäter seine Untat als Sünde erkennt und bereut, das Strafleiden sucht oder doch auf sich nimmt, um sich mit Gott zu versöhnen. Aber wie sollen wir uns begreiflich machen, dass es zu solcher Versöhnung gerade des eigenen Leidens bedarf? Liegt denn darin ein Wiedergutmachen? Könnte die Untat nicht viel eher auch durch eine Reihe guter Taten wieder ausgeglichen werden? Leben hier wirklich uralte Menschheitsvorstellungen fort, etwa die der Abwehr göttlicher Rache durch Sühneopfer und dergleichen? So ist Sühne voller Geheimnis, und sie offenbart sich vielleicht am ehesten in den Bildern, die sie in großer Dichtung gefunden hat.

Dostojewski, den die Phänomene Verbrechen, Strafe und Sühne so viel bewegt haben[94], schiebt im „Jüngling" die kurze Erzählung von dem Soldaten ein, der nach seiner Dienstzeit einen Raub beging und vor Gericht kam, ohne dass ernstliche Beweise gegen ihn vorlagen, und der in der Verhandlung vor dem Schwurgericht plötzlich ein volles Geständnis ablegte und gleichwohl zu seiner größten Betroffenheit freigesprochen wurde.

„Alle klatschten in die Hände, freuten sich und schrieen, der Soldat aber blieb stehen, wie er stand, rührte sich nicht vom Fleck, als wäre er zu einem Pfosten erstarrt, und begriff noch immer nichts ... So kehrte denn der Soldat in die Freiheit zurück, aber er konnte es selbst nicht fassen. Er fing an, sich zu grämen und nachzudenken, aß nicht, trank nicht, sprach mit keinem Menschen, und am fünften Tage ging er hin und erhängte sich. So ist das, mit einer Sünde auf dem Gewissen zu leben". [95]

In Dostojewskis „Verbrechen und Strafe" (im Deutschen meist „Schuld und Sühne") gesteht Raskolnikow zuerst Sonja den Mord an der alten Pfandleiherin und deren Schwester und fragt sie, was er tun solle.

„Was tun!" rief sie aufspringend aus, und ihre Augen, die bis jetzt voll Tränen gewesen waren, blitzten plötzlich. „Steh auf! geh sofort, unverzüglich, stell dich auf einen Kreuzweg, knie nieder und küsse zuerst die Erde, die du entweiht hast, und dann verneige dich vor der ganzen Welt, in allen vier Richtungen, und sage vor allen Menschen laut: ‚Ich habe getötet!' Dann wird Gott dir wieder Leben geben." [96]

Raskolnikow erinnert sich später ihrer Worte und zeigt sich schließlich selbst auf dem Polizeibüro an; als Strafgefangener erlebt er die große religiöse Wandlung.

In Dostojewskis „Brüdern Karamasoff" finden wir die Geschichte von dem hohen Beamten, der aus Eifersucht die Geliebte getötet hatte und vierzehn Jahre lang unter der Last der Tat litt, bis er sich vor zahlreicher Gesellschaft bei seiner Geburtstagsfeier offen zu seiner Untat bekannte:

„Als einen Auswurf des Menschengeschlechtes stoße ich mich selbst aus der Mitte der Menschen aus. Gott hat mich heimgesucht", schloss er seine Anschuldigung, „ich will es sühnen!" [97]

Oft wird die Kerkerszene aus Goethes Faust als Beispiel einer sittlichen Sühne genannt[98]: Gretchen verschmäht die ihr irdisches Leben rettende Flucht aus dem Kerker:

„Gericht Gottes! dir hab' ich mich übergeben!"

und gewinnt gerade dadurch ein höheres Leben:

Sie „ist gerettet".

Deutlicher aber, subtiler auch, ist die nicht mehr mit irdischem Maß zu messende Sühne Ottiliens in Goethes „Wahlverwandtschaften" gezeichnet; eine schon im Ansatz aus freien Stücken vollzogene, nicht – wie bei Gretchen – von geistiger Umnachtung beschwerte Selbstopferung für die Schuld, die Ottilie an ihrem

Einbrechen in Charlottens und Eduards Ehe und dem folgenden Tod von deren Kind erlebt. Zunächst darf sie glauben, die Ordnung dadurch wiederherstellen zu können, dass sie Eduards für alle Zeiten entsagt.

„Auf eine schreckliche Weise hat Gott mir die Augen geöffnet, in welchem Verbrechen ich befangen bin. Ich will es büßen."

„Durch ihre Reue, durch ihren Entschluß fühlte sie sich auch befreit von der Last jenes Vergehens, jenes Mißgeschicks. Sie bedurfte keiner Gewalt mehr über sich selbst; sie hatte sich in der Tiefe ihres Herzens nur unter der Bedingung des völligen Entsagens verziehen". [99]

Aber – äußerlich gesehen –: das Verhängnis des Zufalls und Eduards Leidenschaft stellen sich entgegen, und so verzichtet Ottilie auf Sprache und Speise, bis der Tod die Sühne vollendet.

In diesen Bildern treten die wesentlichen Momente der Sühne, in der der Bestrafte tiefsten Sinn der Strafe erlebt, deutlich hervor: Die Untat hat die Ordnung gestört; der Täter erkennt seine Schuld, bereut seine Tat und erlebt es als seine Pflicht, die Ordnung wiederherzustellen. Sucht man den sittlichen Wert, der hinter solchem Erleben sich verbirgt, so wird man – ohne damit das so entschieden Irrationale aus diesem Vorgang verbannen zu können – wohl auf den Wert der Solidarität stoßen, auf das Erlebnis der Mitverantwortlichkeit, das sich nicht nur einzelnen Menschen oder der ganzen Menschheit gegenüber findet, sondern das auch religiös als eine Solidarität zwischen Schöpfer und Geschöpf gegeben ist: dass ich als Geschöpf mitverantwortlich bin für die Ordnung dieser Schöpfung so, wie ich sie erkenne.

Wie kann man eine gestörte Ordnung wiederherstellen? Offenbar nicht schon dadurch, dass man den früheren Zustand wiederherstellt, soweit dies möglich ist (also etwa die Diebesbeute zurückgibt); die Tat bleibt trotzdem geschehen. Und nicht schon sonst durch gute Taten und gute Gesinnung; sie sind auch ohne vorangegangene Übeltat geboten. So bleibt nur, dass der Übeltäter selbst seine Tat verwerfe, und das geschieht vollkommen erst dadurch, dass er die Tat offen bekennt und dann im Blick auf die Tat, also in einem erkennbaren Bedeutungszusammenhang, ein Leiden auf sich nimmt.

Dazu bedarf es nun nicht unbedingt gerade des Strafverfahrens; wer sich schuldig fühlt, der kann sich auch dem Hohn der Mitwelt stellen oder sonstige Lasten und Übel als Sühne auf sich nehmen. Aber im Einklang mit den Anforderungen des staatlichen Gemeinwesens findet sich die Strafe, die er nun auf sich nimmt und womit er die Übereinstimmung mit der Gemeinschaft im Verwerfen der Tat herstellt. Es ist hier das Außerordentliche, dass ein sonst sinnloses Leiden allein in seinem Zusammenhang mit der Untat die Solidarität mit der übrigen Menschheit bekunden, die Mitverantwortung für die Ordnung erkennbar werden lassen und die gestörte Ordnung geistig wiederherstellen kann.

So betrachtet, liegt für den Übeltäter in der Sühne zugleich das Wiedergewinnen der eigenen sittlichen Freiheit. Dostojewski lässt es jenen auf den Tod kranken hohen Beamten, den „geheimnisvollen Gast" in den „Brüdern Karamasoff", wie folgt schildern:

„Ich weiß, daß ich sterbe, aber Freude und Friede fühle ich jetzt nach so vielen Jahren zum ersten Male in meinem Herzen. Sofort erschloß sich meiner Seele das Paradies, sobald ich's nur ausgeführt hatte! Jetzt wage ich wieder, meine Kinder zu lieben und zu küssen." [100]

Wir haben uns mit der Frage nach dem Wesen der Sühne offenbar weit vom täglichen Bild der Strafprozesse an unseren Gerichten entfernt. Aber so weit ist es gar nicht. Denn nur aus dieser Sicht wird deutlich, woher es kommt, dass auf jedes Strafverfahren ein eigentümlicher Glanz fällt, sobald sich der Beschuldigte bereit zeigt, die Strafe zu bejahen und auf sich zu nehmen. Alle Sinnlosigkeit des Strafens scheint plötzlich wie aufgehoben, auch bei kleineren Delikten; und da jede Sühne das Bekenntnis der Untat voraussetzt und einschließt, ist es von daher zu verstehen, dass schon das bloße Geständnis des Verbrechers für den Richter und alle Miterlebenden oft eine so überraschend beglückende Wirkung hat – oft sogar dann, wenn das Geständnis in aussichtsloser Lage noch so zweckbestimmt geleistet worden ist; jedenfalls würde man den Dingen nicht gerecht werden, wenn man dabei Herrschaftsansprüche der Richter und Unterwerfung des Angeklagten als das Wesentliche ansähe. Es ist – wenigstens dem Ansatze nach – das Erlebnis der allseitigen Solidarität in solchem Geschehen: dass in der Strafe nicht nur ein Übel aufgenötigt, sondern dass es vom Täter gesucht und vom Richter auferlegt wird (wobei freilich, wenn die Solidarität wirklich allgemein erlebt werden soll, die Überordnung des Richters über den Angeklagten nur eine äußerliche sein kann, nämlich im Rahmen der prozessualen Funktion).

So kann also die Strafe für den Bestraften tiefen Sinn haben, indem er in ihrer freien Übernahme sich selbst mit den andern als mitverantwortlich für die Ordnung des Ganzen erlebt; so fühlt er sich in der Strafe „als Vernünftiges geehrt" (wie Hegel sagt), verwirft selbst seine Tat durch das Leiden, das er auf sich nimmt, und stellt zugleich auch die Möglichkeit eines sittlichen Verhältnisses zu einem durch die Straftat Geschädigten wieder her[101].

Wie oft geschieht's, dass der Bestrafte solchen Sinn in seiner Strafe erlebt? Doch wohl nur selten; aber: Würden *alle anderen* sich durch sein Strafleiden mit ihm versöhnt sehen, gewiss wäre er selbst es auch mit ihnen.

2. Das Erleben des Richters

Der Strafrichter ist es, der, wenn er sich von der Schuld des Angeklagten überzeugt hat, die Strafe zu bemessen und zu verhängen hat; er ist also an einem besonders wichtigen Abschnitt des staatlichen Strafens handelnd beteiligt. Wo mag er einen Sinn in diesem Vorgang erleben? Wofür fühlt gerade er sich in seinem Handeln besonders verantwortlich?

Seit je ist der *gerechte* Richter eine der Idealverkörperungen der Aufgaben des Gemeinschaftslebens. Der Richter strebt in seinem Handeln nach dem sittlichen Wert der Gerechtigkeit, nicht freilich im Sinne der alle persönliche Sittlichkeit begründenden allgemeinen Tugend (wie man im Altertum die Gerechtigkeit vorwiegend verstand), sondern in jenem engeren, heute allgemein üblichen Begriff der Gerechtigkeit, wonach jemand gerecht handelt, wenn er im Rahmen seines Tuns jedem das Seine zukommen lässt, wenn er Gleiches gleich behandelt usf.

Wir haben schon gesehen, dass unser Strafen nicht von dem Ziele her begriffen werden kann, jedermann widerfahren zu lassen, was seine Taten wert sind. So ist die Gerechtigkeit, die der Richter anstrebt, ganz auf seine Aufgabe bezogen: im jeweiligen Verfahren für den Angeklagten, über dessen Tat der Richter zu entscheiden hat, die gerechte Strafe zu finden. Wenn schon gestraft werden muss, dann soll die Strafe möglichst gerecht sein[102].

Gerechtes Strafen des Richters ist also nicht unähnlich dem Bemühen des Lehrers, seinen Schülern gerechte Zeugnisse zu geben: wenn schon Schulzeugnisse zu geben sind, dann sollen sie auch gerecht sein. Aber beide – Richter und Lehrer – lassen sich doch nicht gleichsetzen: Für den Lehrer ist das Bemühen um gerechte Zeugnisse nur ein Teil seiner viel weitergehenden pädagogischen Aufgaben, für den Richter dagegen ist die Suche nach dem gerechten Urteil die fast alleinige Aufgabe. Auch wenn er die Wahrheit ermittelt, sucht er die Gerechtigkeit; denn gerecht kann nur das Urteil sein, das den schuldigen Täter, und ihn nicht schwerer oder leichter als andere Täter bei gleichen Voraussetzungen trifft. (Welche Momente das Maß der Strafe im Einzelfall bestimmen, ist hier nicht zu erörtern.)

Sieht man, welche beherrschende Bedeutung das Gerechtigkeitsstreben für die richterliche Aufgabe hat, so ist es jedenfalls verständlich, dass der Richter selbst – und ebenso jeder andere, der das staatliche Strafen nur in dem Abschnitt des *richterlichen* Handelns betrachtet – zu einer Verabsolutierung des Gerechtigkeitsaspektes neigt, so, als habe die Einrichtung des staatlichen Strafens den Sinn, Gerechtigkeit auf Erden herzustellen. Richtig gesehen ist es aber nur diese richterliche Aufgabe im Rahmen des staatlichen Strafens – insbesondere in der Strafzumessung –, Gerechtigkeit zu suchen; und für diese Aufgabe wird die Institution der

Strafe ja immer schon vorausgesetzt. Umso wichtiger ist es, dass sich der Richter der Relativität seines Gerechtigkeitsstrebens bewusst werde; doch über die Gefahren, die in der oft zu beobachtenden Verabsolutierung des Gerechtigkeitswertes liegen, ist hier nicht zu reden.

Das Streben nach Gerechtigkeit schließt nicht aus, dass der Richter auch noch sonstigen Sinn in seinem Tun erblickt. Ein rechter Richter wird sich immer bemühen, aus diesem gegenüber dem Täter sinnlosen Strafen so viel Gutes wie nur möglich zu machen. Und so mag er im einzelnen Strafen dem Bestraften auch Hilfe geben wollen für sein weiteres Leben. Er kann von seinem Amte ganz zu Recht sagen:

„Es geht doch immer darum, den Menschen, der sich und die Gemeinschaft verfehlt hat, zu sich selbst und ins Recht zu führen." [103]

Aber solches Sinnerleben, das hier Nächstenliebe verwirklichen will, passt nur zum gleichzeitigen Erlebnis völliger Solidarität mit dem Bestraften. Wo dieses Erleben fehlt, da bleibt der Richtende in jener Selbstgerechtigkeit befangen, in der herablassendes Moralisieren gegenüber der Person an die Stelle des gebotenen Richtens über die Tat rückt.

Im Handeln des Richters kann sich aber nicht nur ein Sinnerleben, sondern – möglicherweise mit dem Sinnerleben verknüpft – ein entschiedenes *Zweckbewusstsein* finden. Öfters kann hier das Moment der Spezialprävention lebendig sein in Fragen wie: Welche Strafe ist nötig, damit ich diesen Täter wieder auf den rechten Weg bringe? Wie lange braucht dieser Angeklagte, um in der Strafanstalt seine Berufsausbildung vollenden zu können, – wie lange dieser Jugendliche, um überhaupt erst erzogen zu werden? Wie lange soll die Gesellschaft vor diesem Täter sicher sein? In derartigen Zielen mag manches Richtige stecken; aber das Gerechtigkeitserleben wird solchen Überlegungen doch meistens enge Grenzen setzen, zumal da die Aussichten einer „Umerziehung", insbesondere bei erwachsenen Tätern, gering sind und die für eine derartige Umerziehung erforderliche Zeit sich nicht eigentlich berechnen lässt (worüber schon oben S. 73 einiges zu sagen war). So überrascht es nicht, dass sich die Richter das spezialpräventive Ziel der Hilfeleistung und „Besserung" am meisten dort setzen werden, wo sie die Vollstreckung einer verhängten Strafe aussetzen dürfen und Bewährungsauflagen und -weisungen erteilen können.

Gelegentlich drängt sich – nach aller Erfahrung – im Zweckbewusstsein des Strafrichters auch die Generalprävention nach vorn, – dann nämlich, wenn der Strafrichter wegen eines bestimmten Delikts eine besonders scharfe Strafe verhängt, um eine in der Gesellschaft aufkommende Neigung zur Begehung entsprechender Taten zu bekämpfen. Aber einer derartigen Zwecksetzung, die die Generalprävention in die einzelne Strafzumessung hineinträgt, ist entschieden zu widerraten; die generalpräventive Zweckhaftigkeit kommt schon der Institution des Strafens als solcher zu (dazu schon oben S. 87); und die Aussichten, diesen Zweck der Institution zu erreichen, sind am größten, wenn die Strafverfolgung gleichmäßig ist und die Bestrafungen von der Allgemeinheit als gleichermaßen gerecht erlebt werden können. Hier, für die Strafzumessung, wird also der generalpräventive Gedanke mit Recht bekämpft[104], und zwar vor allem in jenem verfehlten Aspekt, als könne das einzelne besonders scharfe Bestrafen die Kriminalität zurückdrängen oder gar ganz verschwinden lassen. Wir müssen nämlich zwar zugestehen, dass jeder Täter in der Bestrafung als Mittel zum Zweck allgemeiner Verbrechensverhütung benutzt wird (wie schon oben S. 96 f. aufgezeigt worden ist), dürfen aber nicht zulassen, dass der einzelne Strafrichter den Täter darüber hinaus im Einzelfall nochmals als Mittel zum Zweck der spezifischen Bekämpfung jeweils nur einer aktuellen Verbrechensmode benutzt. Derartiges richterliches Vorgehen schafft nicht nur ein ungutes Bild des Strafens, sondern ist auch in der Sache verfehlt.

3. Das Erleben der Strafverfolgungsorgane

Die Menschen, die als Organe der Strafverfolgung bei Polizei und Staatsanwaltschaft tätig sind, werden ihre eigene Aufgabe zunächst vorwiegend unter generalpräventiven Gesichtspunkten sehen: dass es darum gehe, das Verbrechen in der Gesellschaft durch eine möglichst hohe „Aufklärungsquote" in erträglichen Grenzen zu halten. Das Risiko, gefasst und überführt zu werden, soll für den Verbrecher so hoch sein, dass insbesondere die schweren Straftaten nicht überhand nehmen, aber auch die kleineren Taten nicht eine unerträgliche Vielzahl erreichen. Hier wird von manchem Beamten der Sinn erlebt werden, der darin liegt, die Gesellschaft vor „dem" Verbrecher zu schützen – wobei dann aber nicht an die begangenen Verbrechen gedacht wird (denn sie sind ja schon passiert, und hier hat alle Schutzbemühung nichts genutzt), sondern an die für die Zukunft zu verhindernden (sei es, indem gewisse Täter hinter Schloss und Riegel kommen, sei es, indem anderen die Lust zum Verbrechen genommen wird).

Soweit die mit der Strafverfolgung beschäftigten Polizisten und Staatsanwälte im Rahmen des nun schon vorgegebenen staatlichen Strafprogramms für möglichst gleichmäßige Überführung der Straftäter sorgen, können sie auch den Sinn erleben, der in der Verwirklichung von Gerechtigkeit liegt: Wenn schon Strafe angedroht wird, dann sollen möglichst auch alle, die eine Straftat begangen haben, bestraft werden; wenn schon einige Täter bestraft werden, dann dürfen die anderen der Strafe nicht entrinnen.

Je mehr freilich das Handeln dieser Organe sich auf den einzelnen Täter oder Beschuldigten konzentriert und nur noch in dieser Beziehung erlebt wird, desto deutlicher wird die Sinnlosigkeit des staatlichen Strafens im Verhältnis zum Bestraften und also auch die Sinnlosigkeit der Verfolgung des Beschuldigten werden. Aber niemand möge sich hier überheben; ist doch jeder, der im Staatsgebiet das Gefühl einiger Sicherheit genießt und der überhaupt staatliches Strafen zulässt, mitverantwortlich auch für dieses Geschehen. Und doch muss die Tatsache selbst nüchtern festgestellt werden. Es ist nicht von ungefähr, dass in Kriminalfilmen von der erhabenen Rechtsordnung so wenig zu sehen und dass manchmal nicht mehr zu erkennen ist, wer nun auf der Seite der Rechtsordnung und wer auf der des Verbrechens steht. Haben wir nicht auch als Kinder „Räuber und Gendarm" gespielt? Im Kampf der Polizei gegen den Verbrecher gewinnt oft nur die stärkere Gewalt und die größere Raffinesse die Oberhand. Wie leicht hat es da der Richter – in seiner Person weit von aller Gewalt distanziert –, nach Gerechtigkeit zu streben, wenn der verhaftete Angeklagte vom Wachtmeister vorgeführt wird!

Hier bleibt der Polizei, die die missliche Pflicht dieses Kampfes gegen das Verbrechen im Gemeinwesen übernommen hat, nur die Einsicht in die Notwendigkeit der eigenen Aufgabe im Rahmen des staatlichen Gemeinschaftslebens und sodann das stetige Bemühen um die Selbstbeschränkung aller staatlichen Gewalt in jedem einzelnen Handeln. Es gilt, die Aufgabe so anständig wie nur möglich zu erfüllen (– Begriffe wie der des fair play spielen hier eine Rolle –), vor allem aber, die Würde der Person in jedermann zu achten, mag er auch eines Verbrechens beschuldigt werden oder überführt worden sein. Nur wenn in der täglichen Arbeit auch der Kriminalpolizei diese Grenzen staatlicher Gewalt als selbstverständlich anerkannt werden, kann von hier die Befriedung ausgehen, derer die Gesellschaft für ihre gedeihliche Existenz bedarf.

4. Sinn und Zweck der Strafe im Erleben des Gesetzgebers

„Gesetzgeber" ist uns hier jeder Mensch, der faktisch am Zustandekommen der Strafgesetze verantwortlich beteiligt ist – in einem demokratischen Staatswesen also vor allem die das Strafgesetz im Parlament beschließenden Abgeordneten, aber auch die das Gesetz vorbereitenden Berater und ausarbeitenden Ministerialbeamten. Diese gesetzgeberisch tätigen Personen bezeichnen im Strafgesetz durch die Aufstellung von Straftatbeständen und durch die Strafdrohung den Rechtsgrund für die spätere einzelne Strafe.

Das Erleben dieser Personen ist – im Vergleich zu dem aller anderen am Strafen handelnd Beteiligten – dadurch gekennzeichnet, dass sie den größten Abstand zum einzelnen Strafvorgang haben. So wird dieses Erleben auch am ehesten auf das Ganze des Strafens in seiner nüchternen Zweckbedingtheit bezogen sein. Bei der Formulierung und Beschließung neuer Strafgesetze wird hier sehr oft bewusst von dem Ziel ausgegangen werden, unerträglichen

Störungen möglichst zu wehren; gerade jenes Beispiel der Strafdrohung gegen den Missbrauch von Tonträgern (das oben S. 88 angeführt worden ist)[16] zeigt aufs Deutlichste, wie es dem Strafgesetzgeber jeweils um den „Schutz" bestimmter Rechtsgüter geht (und zwar hier um den Schutz der Intimsphäre des Menschen gegen Indiskretion und gegen unbefugte Festlegung des nur für den Augenblick gesprochenen Wortes). Auch in den Begründungen der Gesetzesentwürfe ist nie davon die Rede, man müsse das oder jenes Tun unter Strafe stellen, um Gerechtigkeit auf Erden herzustellen oder Sühne (als Versöhnung) zu ermöglichen oder um die betreffenden Täter dann durch die Strafe „bessern" zu können; vielmehr ist immer nur vom Schutze der Rechtsgüter und der Abwehr empfindlicher Störungen des Gemeinschaftslebens die Rede. Gerechtigkeitserwägungen finden sich allenfalls dort, wo es darum geht, einzelne Strafdrohungen für verschiedene Delikte angemessen aufeinander abzustimmen.

Dem entspricht auch das Sinnerleben, wie es sich typischerweise beim Gesetzgeber findet: Es wird hier wohl oft ganz unmittelbar der Wert erlebt, der in der Förderung des Gemeinwohls liegt. Sodann ist es der Wert der Gerechtigkeit: dass nur dort Strafe angedroht werde, wo man vom Rechtsunterworfenen guten Gewissens Gehorsam verlangen kann, und dass dem Richter ein angemessener, auch in der Relation zu anderen Strafen gerechter Strafrahmen gewährt werde. In jedem Strafgesetz geht es um die gerechte Ordnung des ganzen Gemeinschaftslebens, die freilich immer schwerer herzustellen sein wird, je unübersichtlicher und uneinheitlicher die geistige Situation einer Zeit ist.

5. Das Erleben des Strafvollzugsbeamten

Unter Strafvollzug versteht man alles Handeln der Staatsorgane, das unmittelbar die Freiheitsentziehung bei Freiheitsstrafen betrifft. Vergleicht man die Vollstreckung einer Geldstrafe mit dem Vollzug einer Freiheitsstrafe, so zeigt sich – jedenfalls uns heute – ein großer Unterschied. Das Einziehen des Geldes durch den Vollstreckungsbeamten ist kein Handeln, in dem außerhalb der Tatsache, dass hier eine im Rahmen der Staatsordnung verhängte Strafe richtig vollstreckt wird, ein besonderer Sinn erlebt, sittliche Werte intendiert werden könnten. Die Pflicht des Beamten erschöpft sich darin, den Betrag ordnungsgemäß beizutreiben, den das Strafurteil nennt.

Man kann nun den Vollzug von Freiheitsstrafen in gleicher Weise sehen – und man hat ihn lange so gesehen. Dann ist der Bestrafte nur eben auf die Dauer, die das Strafurteil nennt, einzusperren (freilich auch zu ernähren; und vielleicht auch: in seiner Arbeitskraft auszunützen). Insofern bleibt sich ganz gleich: „Eintausend Mark Geldstrafe" – dieser Betrag ist also beizutreiben; „zwei Jahre Freiheitsstrafe" – so lange also ist der Bestrafte einzusperren. Aber man kann den Vollzug einer Freiheitsstrafe auch noch ganz anders sehen, hat man es doch mit Menschen zu tun, die nicht nur leben, sondern auch, was mit ihnen geschieht, erleben; und so ist mit der Einsperrung nicht schon notwendig alles getan. Es ist im staatlichen Strafen das große Ereignis dieses Jahrhunderts, dass das seit je schon dem einzelnen Strafvollzugsbeamten mögliche Sinnerleben mit neuen Inhalten weithin die für den Strafvollzug unmittelbar Verantwortlichen ergriffen hat: Wenn wir schon Mitmenschen einsperren, dann soll möglichst viel Gutes aus dieser Zeit erwachsen, und zwar für den Gefangenen selbst, aber auch für das ganze Gemeinwesen[105].

Nun kann auch innerhalb dieser einheitlichen Grundtendenz das Erleben der Strafvollzugsbeamten ganz erheblich verschieden sein, und zwar entweder mehr auf das Gemeinwohl und die hierauf bezogenen Zwecke gerichtet oder unmittelbar mehr der Person des Gefangenen zugewandt und unter dem Wert der Nächstenliebe stehend.

Soweit – vor dem Erlebenshintergrund des Gemeinwohls – das Zweckbewusstsein vorherrscht, wird der Gefangene im Strafvollzug mehr als Objekt eigenen Tuns der Vollzugsbeamten gesehen; hierhin gehören die immer wiederkehrenden Ausdrücke „bessern", „erziehen", „resozialisieren", die das Handeln der Beamten erfassen. Es geht dann vorwiegend um den spezialpräventiven Ansatz, den einzelnen Täter für die Zukunft von der Verbrechensbegehung abzuhalten, also im Grunde um eine kriminalpolitische Aktion. Soweit der Strafvollzugsbeamte in derartigem Tun sittliche Wertverwirklichung und also Sinn erlebt, erwächst dieser Sinn nicht aus dem Verhältnis zum Gefangenen, sondern aus der Förderung des Gemeinwohls.

Anders ist – wie schon angedeutet – das Erleben jener Strafvollzugsbeamten, die unmittelbaren Sinn in der Begegnung mit dem Strafgefangenen finden. Es ist der Wert der Nächstenliebe, unter den hier – oft viel stärker, als mancher ferne Beobachter glaubt – das eigene Tun gestellt ist: den Strafgefangenen als Mitmenschen zu betreuen, ihm auf einen besseren Weg zu helfen, ihm zu helfen, dass er Vertrauen findet – zu sich selbst, wo er es verloren hat, und zu seinen Mitmenschen, die ihm ja ihr Vertrauen meist entzogen haben. Gerade hier, bei dem Handeln aus Nächstenliebe, begegnet uns wieder der Gedanke jener Sühne, die Versöhnung bedeutet und in der der Gefangene den Sinn seiner Strafe sehen kann; es ist die Aufgabe aller Nächstenliebe im Strafvollzug, diese Sühne – nicht etwa: forciert herbeizuführen, aber doch: – wenigstens zu ermöglichen (oder gar nur: nicht zu verhindern). Wenn ein Strafvollzugsbeamter in solcher Grundhaltung dem Strafgefangenen gegenübersteht, dann muss er sich freilich mit der Tatsache der Einsperrung des Bestraften abfinden, einer Einsperrung, die so gar nicht in das Bild der Nächstenliebe einzuordnen ist. An diesem Punkt ist eben die Sinnlosigkeit der Strafe im Verhältnis zum Bestraften nicht zu beheben; und soweit der Vollzugsbeamte selbst an diesem Einsperren handelnd mitbeteiligt ist, wird er es dem Gefangenen eben mit einem gewissen Bedauern antun und versuchen, es als Dienstpflicht sozusagen außerhalb seines Verhältnisses zum Gefangenen einzuordnen. Die Grundhaltung jedenfalls wird hier gleichwohl die der fürsorglichen Betreuung bleiben (– nicht viel anders als die mancher Krankenschwester, die einen isolierten Typhuskranken zu betreuen hat).

Dieser Unterschied in der Einstellung zum Strafvollzug und in der Haltung gegenüber dem Strafgefangenen zieht sich durch die ganze Geschichte des Strafvollzugs der letzten zweihundert Jahre, seiner Praxis und seiner Theorie; dies zeigt sich vor allem an den

Reformen im Strafvollzug, die von den einen mehr kriminalpolitisch begründet worden sind (etwa mit dem Hinweis auf die hohe Zahl der Rückfalltäter unter den Leuten, die schon eine Freiheitsstrafe verbüßt haben) und die von den anderen mehr aus allgemeiner Humanität und aus Solidarisierung mit den Gefangenen betrieben worden sind. –

Der Sinn der Strafe ist für den Strafvollzugsbeamten der Sinn des Straf*vollzugs*; es ist der Sinn, den er in seinem Handeln in diesem letzten Abschnitt des staatlichen Strafens sieht. Wer als im Strafvollzug Verantwortlicher hier sittliche Ziele erstrebt und damit den Strafvollzug vergeistigt, der wird freilich nicht von einem dominierenden Gerechtigkeitserlebnis ausgehen; denn wer im Strafvollzug die Verwirklichung von Gerechtigkeit erstrebt, der läuft Gefahr, das Übel der Einsperrung möglichst nachdrücklich machen zu wollen. Wer dagegen die Sinnlosigkeit des Strafens gegenüber dem Bestraften erlebt und nur die mittelbare Sinnhaftigkeit sieht, von der oben (S. 95) die Rede war, der wird eher im Strafvollzug einen eigenen Wert verwirklichen wollen; er wird von der Freiheitsentziehung als dem notwendigen Übel ausgehen und unter dieser Voraussetzung soviel Gutes wie nur möglich erreichen wollen.

Es war schon davon die Rede, dass hier das große Verdienst der spezialpräventiven Straftheorie in diesem Jahrhundert liegt; so verfehlt sie als Theorie der Institution des staatlichen Strafens ist (als ob wir im Staate mit dem Ziele straften, Menschen zu bessern usw.), so sehr hat sie doch eine Selbstbesinnung des Strafvollzugs ermöglicht, in der er seine höhere Aufgabe erkannt hat.

6. Der Sinn der Strafe für die Gesellschaft

Staatliches Strafen ist Sache nicht nur des Gemeinwesens als solchen, nicht nur der staatlichen Organe oder des Bestraften, sondern jedes einzelnen, der es miterlebt aus der Distanz des bloßen Unterrichtetseins über einzelne Bestrafungen oder mit besonderem Interesse an einem bestimmten Strafverfahren und seinem Ausgang (wie es etwa der durch die Straftat Verletzte oder die Familie des Täters hat). Auch für die als Staatsorgane am Strafen unmittelbar beteiligten Personen ist die Möglichkeit des Sinnerlebens mit dem bisher Geschilderten noch nicht erschöpft; was für *alle* anderen gilt, gilt auch für sie.

Der tiefste Sinn, in dem die Gesellschaft die Bestrafung eines Übeltäters erleben kann, entspricht dem möglichen Sinnerleben des Bestraften selbst: dass nämlich jeder einzelne die verbüßte Strafe als Sühneleistung des Täters anerkennt und sich selbst mit ihm wieder versöhnt. Was aus diesem Sinnerleben praktisch folgen muss, spüren wir alle: dass wir dem Bestraften nichts nachtragen, ihm also mit einem Vertrauen begegnen, als ob nichts gewesen wäre.

Wir wissen, wie weit wir immer wieder von diesem Sinn der Strafe entfernt sind; wir sind den Anforderungen nicht gewachsen, die dieser sittliche Wert der Versöhnung an uns richtet. So erleben wir in der Verhängung und Vollstreckung der Strafe nur den Sinn, der uns weniger abverlangt. Wir sehen in Vergeistigung unseres Vergeltungsdrangs die Strafe in ihrer Gerechtigkeit und anerkennen sie als „Machtäußerung des sittlichen Lebens": dass sie auf ein verwerfliches Verhalten in angemessener Weise reagiere. Und so leisten wir wenigstens diesen geringen geistigen Beitrag zum Ganzen der Ordnung des Gemeinschaftslebens.

Ja, wir könnten noch mehr leisten und das Strafurteil und die Strafverbüßung, also die Tatsache, dass wir dem Schuldigen das Opfer im Interesse der Gemeinschaft auferlegen, als Ausdruck unserer Solidarität mit dem Verbrecher erleben und die „Mitverantwortung" tragen, die uns an seinem Tun trifft[106] und die wir nun in der Bestrafung uns selbst vor Augen führen. Dann sehen wir im Rechtsbrecher den, der „gewissermaßen stellvertretend für die Gesellschaft" das Verbrechen begangen hat. (Offenbaren uns doch Erscheinungen wie die moderne sog. Wohlstandskriminalität, wie sehr der einzelne nur die Strebungen so zahlloser anderer in seiner Tat verwirklicht.)

Aber aller Sinn der Strafe für die Gesellschaft, auch Gerechtigkeit und Mitverantwortung, liegt beschlossen in dem weiterreichenden

Sinn der Versöhnung, zu der immer alle gegenüber dem, der seine Strafe verbüßt hat, aufgerufen sind.

C. Abschluss

Wir überblicken nunmehr, wovon unser Nachdenken seinen Ausgang genommen und was es ergeben hat.

Als erstes war zu sehen, dass wir nach dem Sinn der Strafe fragen, weil wir wissen wollen, welche sittlichen Werte wir in ihr verwirklichen oder an ihr erleben. Es zeigte sich, dass Sinn hier immer auf ein Subjekt bezogen ist; unsere Frage ist damit zur Frage nach dem Sinn der Strafe „für wen?" geworden. Zu unterscheiden waren hierbei eine allgemein überindividuelle, auf ein Kollektivsubjekt beziehbare Sinnhaftigkeit und das individuelle Sinnerleben des Einzelnen. Ebenso zu unterscheiden waren Zweckhaftigkeit des Strafens und individuelle Zweckvorstellungen des Einzelnen, der handelnd am Strafen beteiligt ist.

Sodann war zu sehen, dass wir die erlebte Wirklichkeit der Strafe nicht zulänglich erfassen können, wenn wir nur die Strafe selbst als das – kurz gesagt – zugefügte Übel im Blick behalten, dass wir vielmehr unterscheiden müssen: hier die Institution des staatlichen Strafens, die wir als Bestandteil des staatlichen Lebens von den Vorvätern übernommen haben, also die Tatsache, dass wir überhaupt strafen; und dort die einzelnen, durch das Handeln der Staatsorgane bestimmten Abschnitte dieses Strafens, in denen Strafe unmittelbar erlebt wird: das Androhen der Strafe, das Verfolgen von Straftaten, das Verhängen und das Vollstrecken von Strafe, bei dem letzten besonders der Vollzug der Freiheitsstrafe.

Von diesen Voraussetzungen her stießen wir auf die Vielfalt der möglichen Sinnerlebnisse und Zweckvorstellungen, in denen wir – wenn auch mit verändertem Gehalt im Gesamtgefüge des Strafverständnisses – die einzelnen, eingangs unserer Überlegungen besprochenen Straftheorien wieder finden (nur ganz bedingt allerdings die Theorie der Generalprävention, da diese die Grundlage des Strafens als Institution bezeichnet). Während aber diese Theorien entweder ein Teilerleben am staatlichen Strafen herausheben und verallgemeinern oder – als Vereinigungstheorien – alle Zwecke und Sinne meist gleichsam addieren, offenbart sich von der Sinnfrage her das staatliche Strafen in ganz anderer Weise.

Die Straftheorien sind im Grunde durchweg – positive oder negative – Zwecktheorien der Strafe, weshalb sie ganz zu Recht als „relativ" oder „absolut" bezeichnet werden im Hinblick auf Zwecke menschlichen Handelns. Haben sie alle nach dem *Zweck* der Strafe gefragt und überall dort, wo der Zweck nicht für hinreichend erachtet wurde, das individuell mögliche Sinnerlebnis verabsolutiert (und zwar in Gerechtigkeits- und Sühnetheorie), so haben wir zunächst nach dem *Sinn* der Strafe gefragt und ihre bloße Zweckhaftigkeit dort anerkannt, wo ein Sinn nicht gefunden werden konnte. So zeigte sich die Institution des Strafens als sinnlos gegenüber dem Bestraften, als mittelbar sinnhaft jedoch im Blick auf das Gemeinwesen – sinnhaft also, soweit es eben Sinn hat, die gedeihliche Existenz des Gemeinwesens zu sichern, und sei es auch dadurch, dass wir unseren Mitmenschen strafend Übel auferlegen. Es zeigte sich jedoch auch, dass das staatliche Strafen in seinen einzelnen Stationen – wenn es menschenwürdig geübt wird – je nach der Art der Beteiligung des Einzelnen am Vorgang des Strafens weitreichende und vielfältige Sinnerlebnisse zulässt; sie sind zugleich der Reflex des Verbrechens selbst, das sich darin als ein sittlich-geistiges Phänomen in seinen mannigfachen Aspekten erweist.

Schließlich haben unsere Überlegungen eine Theorie der Strafe und des Strafens der *Gegenwart* ergeben. Diese Theorie sucht unser Strafen so, wie wir es heute betreiben, zu begreifen – nicht in der Weise freilich, dass wir einen bestehenden Zustand lediglich hinnehmen, sondern so, dass wir unserem Tun nicht ein Sinnerleben unterschieben, das sich darin nicht findet. Frühere Zeiten und andere Völker mögen die Reaktion auf die das Gemeinschaftsleben störenden Übeltaten als Sühneopfer für die Gottheit, als Dienst an der Gerechtigkeit oder Handhabung des göttlichen Richtschwerts und dgl. empfunden haben; unser heutiges Strafen zeigt, dass wir nicht mehr aus derartigem Sinnerleben heraus das

Strafen im Ganzen begreifen können. So führt eine Sinntheorie der Strafe, die das jeweils mögliche Sinnerleben an seinem Orte erfasst, zu einer entschiedenen Ernüchterung bezüglich der Institution des Strafens. Aber diese Befreiung von allem hohen Pathos hat ihr Gutes: Sie macht uns unsere Verantwortung deutlicher bewusst, da wir sie nun am richtigen Platze sehen; sie verwehrt die Idealisierung von Gewaltakten, die noch je ein Feind der Humanität war.

VI. DIE SITTLICHEN FOLGERUNGEN

Im Bereiche des Sittlichen haben wir nur dann etwas wirklich erkannt, wenn wir unser Verhalten nach dem Erkannten zu bestimmen suchen. Wenigstens in kurzen Andeutungen sei im Folgenden angeführt, was sich aus unserem Besinnen auf den Sinn der Strafe für unser Verhalten ergibt.

Unseren Überlegungen liegt die Einsicht zugrunde, dass es Verbrechen geben wird, solange Menschen leben; in jedem von uns steckt der gute wie der schlechte Kern, und das Scheitern auch gegenüber den einfachen Grundanforderungen des Gemeinschaftslebens erleben wir täglich. So wird auch die Strafe bleiben, solange Menschen ihr Gemeinschaftsleben staatlich ordnen und sich dadurch zu höherer Kultur befähigen. Und doch wird nicht alles beim alten bleiben müssen: Zwar wird die Ichsucht des Menschen immer die gleiche bleiben; aber dort, wo sie ihre Ziele nicht im individuellen Spielraum des einzelnen setzt, sondern wo sie sich als Ehrgeiz, Machtstreben, auch als Streben nach materiellem Erfolg oder nach Anerkennung (etwa in der Laufbahn eines Berufes) u. dgl. hinter allgemeingültige Aufgaben als Triebkraft stellt, nämlich gerade im staatlichen Handeln der Menschen, lässt sich – bei allen schrecklichsten Rückfällen – die Entwicklung zum Besseren erkennen; und manches, was ehedem ohne Gedanken an das Verwerfliche solchen Tuns geschehen konnte, bedarf heute wenigstens des Scheins der Rechtfertigung, wenn es schon nicht unterbleibt.

„Ob die Menschen im ganzen sich bessern?

                ich glaub' es, denn einzeln,
Suche man, wie man auch will,

                sieht man doch gar nichts davon.”

                      (Goethe/Schiller)

So ist auch bezüglich der staatlichen Strafe zu hoffen, dass sie noch humaner wird, als sie schon geworden ist, und dass sie gleichwohl ausreichen wird, die Kriminalität auf einem erträglichen Maß zu halten.

„Nur soviel ist gewiß, daß die Vollkommenheit der Strafen immer – versteht sich jedoch bei gleicher Wirksamkeit – mit dem Grade ihrer Gelindigkeit wächst. Denn nicht bloß, daß gelinde Strafen schon an sich geringere Übel sind; so leiten sie auch den Menschen auf die, seiner am meisten würdige Weise von Verbrechen ab. Denn je minder sie physisch schmerzhaft und schrecklich sind, desto mehr sind sie es moralisch; da hingegen großes körperliches Leiden bei dem Leidenden selbst das Gefühl der Schande, bei dem Zuschauer das der Mißbilligung vermindert. Daher kommt es denn auch, daß gelinde Strafen in der Tat viel öfter angewendet werden können, als der erste Anblick zu erlauben scheint, indem sie auf der andren Seite ein ersetzendes moralisches Gegengewicht erhalten" (W. v. Humboldt)[107].

Nie wird es, solange Menschen nicht Tiere oder Heilige werden, darum gehen, das Strafen durch etwas anderes („Besseres als Strafen", meinte Radbruch) zu ersetzen, sondern immer werden wir nur unser schlechtes Strafen in ein besseres Strafen entwickeln müssen, und zwar vor allem durch sinnoffene Strafen, die jeweils das Opfer, das wir dem Übeltäter auferlegen, nicht größer machen, als es nötig ist. Vor 200 Jahren noch hängte man die Diebe der Reihe nach auf, überall fanden sich die Galgen im Lande; heute begnügen wir uns mit Freiheits- und Geldstrafe, und die allgemeine Sicherheit von Eigentum und Besitz ist nicht geringer, als sie damals war. In England befürchtete man noch anfangs des 19. Jahrhunderts, die Eigentumsordnung werde sich auflösen, wenn auf Ladendiebstähle im Wert von über 5 Schilling nicht die Todesstrafe verhängt werde. Vielleicht kommt man in weiteren 200 Jahren mit einer Woche Freiheitsstrafe in Fällen aus, in denen wir heute noch 1 Jahr Freiheitsstrafe verlangen, weil wir nur diese Strafe heute als gerecht ansehen. Hier liegen die großen Aufgaben für staatliches Handeln im Bereiche des Strafens: das Opfer, das wir dem einzelnen Rechtsbrecher um der Gemeinschaft willen auferlegen, so gering wie möglich zu halten und an der Verfeinerung des Zeitgeistes zu arbeiten, indem man dem allgemeinen Beharren im herkömmlichen Maß des Vergeltungsdrangs immer einen Schritt voran ist in Richtung auf ein milderes Strafen oder gar ein Absehen von Strafe.

Diese Aufgabe trifft in erster Linie den Gesetzgeber, der dem Drang nach Lückenlosigkeit des Strafens widerstehen und der überhöhte Strafen herabsetzen, der aber auch im Einzelfall die zu niedrige Strafe erhöhen oder der Art nach ändern muss. Denn er hat am deutlichsten den Zweck allen staatlichen Strafens vor Augen, nämlich die Kriminalität in erträglichem Maß zu halten und so die staatliche Ordnung zu bewahren. Daher muss er sich auch am entschiedensten um die jeweilige Zweckmäßigkeit des Strafens bemühen; sosehr er an die sittlichen Prämissen des Straf*rechts* gebunden ist (dass Strafe eine verwerfliche Tat voraussetzt und eine im Gesamtzusammenhang der Rechtsordnung gerechte und die Menschenwürde achtende Reaktion ist), so entschlossen hat er den Spielraum der Zweckhaftigkeit nach den zweckmäßigsten Lösungen abzutasten. Im Übrigen wird er die Vielfalt möglicher Sinnerlebnisse an der Strafe berücksichtigen müssen; dass nicht nur Ehrenstrafen, sondern auch das Strafregister[108] der Idee der Versöhnung entgegenstehen, dessen sollte er sich immer bewusst sein.

Was den Strafvollzug betrifft, so sind nicht nur die unmittelbar Verantwortlichen, sondern wir alle durch die Möglichkeit unseres Zustimmens aufgerufen, hier die Bedingungen zu schaffen, die einen sinnerfüllten Strafvollzug erleichtern[109]. Selbst unter Zweckgesichtspunkten wird man solche Ziele setzen: Was nützt es der Allgemeinheit, die Rechtsbrecher einzusperren, wenn sie dabei nur den Unwert an ihrem Dasein erleben können? Jeder Gefangene, der mit neuem Vertrauen und nicht als Ausgestoßener zurückkehrt in Familie und Beruf, ist ein Geschenk für die ganze Gemeinschaft.

Welche sittlichen Forderungen sonst treffen *uns alle* von der Strafe her?

Die entschiedenste Individualität und sublime Sittlichkeit des Sühneverlangens verwehrt uns, hier irgend Allgemeines festzustellen. Ob wir selbst ein Verbrechen begangen haben oder ein anderer uns seine Tat bekennt: die Vorbilder in der Suche nach sühnender Strafe verpflichten uns und schließen doch die individuelle Abwägung nicht aus. Den Verbrecher zur sittlichen Sühneleistung zu drängen, ist gewiss niemand verpflichtet, ja kaum jemand berechtigt. Nur liebende Nähe, in der die Last des Verbrechens unmittelbar miterlebt und mitgetragen wird, vermag hier zur sittlichen Selbstbefreiung den Weg zu weisen.

Sicher aber ist unsere Pflicht, wenn wir selbst einer Straftat beschuldigt werden und vor unserem Gewissen die Beschuldigung für rechtmäßig erachten, dann die Untat zu bekennen und die Strafe auf uns zu nehmen als den Beitrag zum Gemeinwohl, der nun mit Recht von uns verlangt wird.

„Wird man wegen seiner Handlungen gestraft, dann ertrage man die Strafe mit der Empfindung, damit schon etwas Gutes zu stiften: man schreckt die anderen ab, in die gleiche Torheit zu verfallen. Jeder gestrafte Übeltäter darf sich als Wohltäter der Menschheit fühlen."

(Nietzsche)

Wenn wir durch ein Verbrechen verletzt werden oder es auch nur miterleben, haben wir zu entscheiden, was wir tun sollen; keines dürfen wir leicht nehmen, weder, dass wir ein Strafverfahren durch unsere Anzeige in Gang bringen, noch, dass wir die Untat nicht anzeigen. Gerade auch das Abstehen von einer Anzeige kann ein selbstgefälliges, billiges Sichdraußenhalten sein, das in Widerspruch steht zu der Tatsache, dass wir dauernd das staatliche Strafen geschehen lassen und uns seiner befriedenden Wirkung erfreuen.

Dem Bestraften gegenüber sind wir zur Solidarität aufgerufen; unser aller Mitverantwortung realisieren wir, indem wir uns mit dem Bestraften versöhnt zeigen. Es ist ein oft verhängnisvoller Kreis, in dem wir uns hier finden: Bringen wir dem Bestraften unser Misstrauen entgegen, so zweifelt er selbst an seiner Vertrauenswürdigkeit; und zweifelt er erst, wie schwer muss es ihm sein, nun noch um unser Vertrauen zu ringen. Wie sehr erschweren wir es dem einzelnen Rechtsbrecher von vornherein, seine Schuld zu erkennen, wenn schon vor seiner Bestrafung offenbar wird, dass wir die Strafverbüßung nicht als Schuldtilgung gelten lassen werden.

Unsere Kinder haben wir – auch dies ist eine Folgerung aus unseren Überlegungen – dazu zu erziehen, Verantwortung zu tragen und Strafe auf sich zu nehmen, ohne dass sie in der Strafe eine Verdammung ihrer Person sehen. Wenn sie gelernt haben, ihre Untaten als etwas, das in uns allen steckt, zu bekennen, dann werden sie einmal auch einer staatlichen Strafe einen Sinn zu geben vermögen: dass sie nicht an ihr zugrunde gehen, sondern an ihr wachsen.

Entscheidend für das Bild des Strafens wird immer sein, welche Einstellung wir zum Verbrechen als einer Erscheinung des Gemeinschaftslebens gewinnen. Wenn wir in jedem Verbrechen, das begangen wird, uns selbst erkennen, dann sind wir – wenn wir irgend auch noch gutes Streben in uns finden – nicht versucht, ein Totalurteil über den Täter zu fällen und ihn zu verwerfen; dann verurteilen wir nur seine Taten und sehen unsere Mitverantwortung[110]. Wenn wir bereit sind, eine berechtigte Strafe selbst bejahend auf uns zu nehmen als den Beitrag, der um der Gemeinschaft willen von uns gefordert wird, dann werden wir diesen Beitrag auch anderen gegenüber aufs Notwendige beschränken und Verständnis haben für alle Bestrebungen, die dahin gehen, den Strafvollzug möglichst sinnvoll zu gestalten oder gar so oft wie möglich auf Strafe zu verzichten. In all unserem Vergeltungsdrang zeigt sich ja nur das Fehlen unserer Liebe zum Nächsten; wenn der Bruder den Bruder erschlägt – würden wir dann als die Eltern die Hinrichtung des Sohnes verlangen? oder würden wir um Gnade bitten, wenn er zehn Jahre seiner Freiheitsstrafe verbüßt hat?

Erwarten wir nie eine Musterlösung des Strafens, die die Kriminalität beseitige; aber erwarten wir immer eine Musterlösung, von der wir sagen können: Diese Strafen müssten wir im Interesse des Gemeinwohls auch für die Menschen als angemessen anerkennen, die uns die liebsten sind.

Bei aller Unruhe über schlimme Verbrechen sollten wir uns immer auch über uns selbst beunruhigen und trotz allem Schmerz über eine Untat eine gewisse Gelassenheit gegenüber dem Verbrechen im Ganzen bewahren. Wir sollten sehen, dass wir, wie mit der Aussicht auf vielerlei Wohltat, so auch mit der Gefahr des Verbrechens auf die Welt gekommen sind. Um unserer Freiheit und unserer Würde willen müssen wir die Genies und die Verbrecher verkraften. Der Übeltäter ist nicht wie eine Pflanze im Beete des Gärtners, die er als die schlechtere ausreißt, damit die anderen umso besser gedeihen. Der Übeltäter gehört immer zu uns allen; wo wir ihn ausreißen, da reißen wir uns selbst mit aus. Er verwirklicht immer nur eine Seite der Freiheit, die uns allen gegeben ist, jedem von uns als „die Freiheit, aufzubrechen, wohin er will".

Anmerkungen des Autors

Zu den gekürzten Titeln vergleiche man die Bibliographie auf S. 139.

Zum Vorwort der 2. Auflage: Als kritische Besprechungen der ersten Auflage nenne ich vor allem: Baumann, Goltdammer's Archiv für Strafrecht, 1964, S. 218 ff.; Roxin, Zeitschrift für die gesamte Strafrechtswissenschaft, Bd. 77, 1965, S. 70 ff.; v. Schlotheim, Monatsschrift für Kriminologie und Strafrechtsreform 1964, Heft 5; Schultz, Schweizerische Zeitschrift für Strafrecht, 1963, S. 208 ff.

[1] Wiedergegeben in: Monatsschrift für Kriminalpsychologie und Strafrechtsreform 1933, S. 641 ff.

[2] Vgl. hierzu M. E. Mayer, Strafrecht (1915), S. 417.

[3] Vgl. mit Hinweisen R. v. Hippel, Deutsches Strafrecht I, 1925, S. 461. – Das Zitat bei Seneca geht auf eine Stelle in Platos „Protagoras" (S. 18 - 19) zurück, wo Plato den Protagoras entsprechende Äußerungen tun lässt.

[4] Engisch in: Religion in Geschichte und Gegenwart, 3. Aufl. 1962, Bd. VI, Sp. 398; vgl. auch Arthur Kaufmann, Das Schuldprinzip, 1961, S. 207, mit einer Fülle von Nachweisen.

[5] Hellmuth Mayer, Strafrechtsreform für heute und morgen (1961), Vorwort.

[6] Noll, Ethische Begründung, S. 4 f.

[7] Kant, Metaphysik der Sitten, Rechtslehre, Allg. Anmerkung E zu §§ 43 - 49. – Vgl. zu Kants Verbrechensbegriff neuerdings Naucke, Die Reichweite des Vergeltungsstrafrechts bei Kant.

[8] Kant, ebenda.

[9] Kant, ebenda.

[10] So ausdrücklich der auf Hegels Vorlesungen zurückgehende Zusatz von Eduard Gans zu § 97 der Grundlinien der Philosophie des Rechts; Jubiläumsausgabe, Hrsg. Glockner, Bd. 7, S. 152. Ohne ausdrücklichen Hinweis auf die Strafe, aber in entsprechendem Sachzusammenhang findet sich die Formulierung in § 104 der Grundlinien.

[11] Für alle Zitate: Hegel, Grundlinien der Philosphie des Rechts, §§ 97 und 99.

[12] Vgl. dazu Hellmuth Mayer, Strafrecht, 1953, S. 33

[13] Hegel, Grundlinien der Philosophie des Rechts, § 100.

[14] Hegel, ebenda, § 101.

[15] Beide Zitate: Hegel, ebenda, § 218.

[16] In der Reihenfolge der vier Zitate: Plato, Gorgias, S. 70 - 71, S. 84, S. 85. S. 165.

[17] Vgl. Plato, ebenda, S. 77 - 79 und schon S. 65.

[18] Thomas von Aquin, Summa Theologica II/2, qu. 66,6 (Deutsche Thomas-Ausgabe Band 18, S. 209).

[19] Thomas von Aquin, ebenda, II/2, qu. 68, 1 (Bd. 18, S. 235).

[20] Thomas von Aquin, ebenda, II/2, qu. 108, 4 (Bd. 20, S. 116).

[21] Althaus, Die Todesstrafe als Problem der christlichen Ethik, Sitzungsbericht der Bayer. Akademie der Wissenschaften, 1955, Heft 2, S. 21.

[22] Trillhaas, Zur Theologie, S. 45 f., 48.

[23] Preiser, Das Recht zu strafen, S. 79 und 77.

[24] Entscheidungen des Bundesgerichtshofs in Strafsachen, Bd. 19, S. 206.

[25] Vgl. die Hinweise bei v. Hippel, Deutsches Strafrecht I, 1925, S. 461, 464, 470.

[26] Anselm v. Feuerbach, Lehrbuch des peinlichen Rechts, 11. Aufl. 1832, § 12.

[27] Feuerbach, ebenda, § 13.

[28] Feuerbach, ebenda, § 16.

[29] Vgl. näher: Eberhard Schmidt, Einführung in die Geschichte der deutschen Strafrechtspflege, 3. Aufl. 1965, §§ 218 u. 219.

[30] Grolman, Grundsätze der Criminalrechtswissenschaft, 2. Aufl. 1805, S. 17.

[31] V. Liszt, Strafrechtliche Aufsätze und Vorträge, Bd. 1, 1905, S. 163 f.

[32] V. Liszt, ebenda, S. 164 ff., ferner Bd. II, S. 170 ff.

[33] V. Liszt, Strafrecht, 21./22. Aufl. 1919, S. 21.

[34] Radbruch, Einführung in die Rechtswissenschaft, 7./8. Aufl. 1929, S. 115.

[35] Radbruch, Rechtsphilosophie (1932), in der Ausgabe der 4. Aufl. 1950, S. 269.

[36] R. v. Hippel, Deutsches Strafrecht 1, 1925, S. 491.

[37] Vgl. neuerdings in diesem Sinne Baumann, Strafrecht, Allgemeiner Teil, 5. Aufl. 1968, S. 11 ff. – Naucke, Die Reichweite des Vergeltungsstrafrechts, S. 210, fordert eine Vereinigung, in der „ein eng begrenztes, zweckfreies hartes Vergeltungsstrafrecht" für die schwere Kriminalität neben „ein relatives, nur auf Zwecke gegründetes und nur aus Zwecken begründbares Strafrecht" für die übrige Kriminalität tritt. – Roxin, Sinn und Grenzen, S. 387, bringt eine „dialektische Vereinigungstheorie".

[38] Entwurf eines Strafgesetzbuchs mit Begründung, Bonn 1962, S. 96.

[39] Schönke/Schröder, Strafgesetzbuch, 10. Aufl. 1961, S. 145 (unter Auslassung der dort zitierten Fundstellen).

[40] Alternativ-Entwurf eines Strafgesetzbuchs, Allgemeiner Teil, vorgelegt von Baumann u. a., 1966, S. 29.

[41] Deutscher Bundestag, Drucksache V/4094, S. 3.

[42] Vgl. dazu die Hinweise, auch auf weitere Literatur, bei Noll, Ethische Begründung, S. 13, Anm. 26.

[43] Vgl. dazu Olivecrona, Zeitschr. für die ges. Strafrechtswiss. Bd. 69 (1957), S. 397 ff.; Agge, ebenda, Bd. 71 (1959), S. 103 ff.

[44] Vgl. dazu Rehfeldt, Einführung in die Rechtswissenschaft, 2. Aufl. 1966, S. 312 ff.

[45] Vgl. derzeit z. B. Baumann, Strafrecht, Allg. Teil, 5. Aufl. 1968, S. 354; Jescheck, Lehrbuch des Strafrechts, Allg. Teil, 1969, S. 267; Arthur Kaufmann, Das Schuldprinzip, 1961, S. 127 ff., 224; Maurach, Strafrecht, Allg. Teil, 3. Aufl. 1965, S. 358 ff.

[46] Entscheidungen des Bundesgerichtshofs in Strafsachen, Bd. 2, S. 200 f. – § 51 des Strafgesetzbuchs nennt die Voraussetzungen der Zurechnungsunfähigkeit.

[47] Fritz Bauer, Die Schuld im Strafrecht, in: Fritz Bauer, Vom kommenden Strafrecht, 1969, S. 43 ff.

[48] Hugo Grotius, De jure belli ac pacis libri tres, lib. II, cap. XX (de poenis) – 1. Aufl. 1625.

[49] Vgl. Nagler, Die Strafe, 1918, S. 674, und Hegel, Grundlinien der Philosophie des Rechts, § 102.

[50] Hoffmeister, Wörterbuch der philosophischen Begriffe, 2. Aufl. 1955, S. 581.

[51] Vgl. Rehfeldt, wie Anm. 44, S. 294.

[52] Herman Nohl, Pädagogik aus dreißig Jahren, 1949, S. 160.

[53] Lauth, Die Frage nach dem Sinn des Daseins, 1953, S. 28 f. – Vgl. überhaupt zu den folgenden Ausführungen das Buch von Lauth (1. Teil: Vom Wesen des Sinns).

[54] Schmidt/Schischkoff, Philosophisches Wörterbuch, 15. Aufl. 1960, S. 551.

[55] Reiner, Der Sinn unseres Daseins, 1960, S. 15.

[56] Nic. Hartmann, Ethik, 3. Aufl. 1949, S. 349.

[57] Die Darstellung in der ersten Auflage dieses Buches ist verschiedentlich dahin verstanden worden, ich hielte die Generalprävention für einen Strafzumessungsgrund. (Vgl. etwa Bruns, Strafzumessungsrecht, 1967, S. 241, 328.) Der ausdrückliche Hinweis im Text soll deutlich machen, dass es hier jedoch um die Institution der

Strafe geht, wo nicht ausdrücklich von Strafzumessung die Rede ist.

58 Noll, Ethische Begründung, S. 5 Anm. 4, setzt dagegen im Anschluss an Spendel, Zur Lehre vom Strafmaß, 1954, S. 100 ff., der Sache nach Sinn und Zweck gleich.

59 Noll, Ethische Begründung, S. 8 und Anm. 13; auch Peters, Grundprobleme der Kriminalpädagogik, 1960, S. 100 Anm. 238. – Lackner, Juristenzeitung 1963, S. 618, bezeichnet "Sühne„ als einen „höchst schillernden Begriff".

60 Hoffmeister, wie Anm. 50, S. 589.

61 Eine ähnliche Doppelbedeutung findet sich bei dem Wort Buße (büßen).

62 Z. B. Arthur Kaufmann, Das Schuldprinzip, 1961, S. 201.

63 Nic. Hartmann, Ethik, 3. Aufl. 1949, S. 353.

64 Man vergleiche die Äußerung des ehemaligen „Feldseelsorgers": Albrecht Goes, Unruhige Nacht, Hamburg 1950, S. 31.

65 Wie oben Anm. 7.

66 Wie oben Anm. 13.

67 Arthur Kaufmann, wie Anm. 62, S. 202. – Mit dem ausdrücklichen Hinweis auf die Unzulässigkeit, den Täter als Mittel zum Zweck zu benutzen, wird die Generalprävention abgelehnt u. a. von: Bockelmann, Vom Sinn, S. 33; Roxin, Sinn und Grenzen, S. 380; Bruns, Strafzumessungsrecht, 1967, S. 328 f.

68 Cool, Law Review, Criminal Law, 5. Aufl. 1950, S. 1

[69] Bockelmann, Vom Sinn, S. 33.

[70] Wie oben Anm. 26.

[71] Vgl. etwa Maurach, Strafrecht, Allgemeiner Teil, 3. Aufl. 1965, S.65.

[72] Vgl. dazu Lang-Hinrichsen, in: Juristische Rundschau 1961, S. 322 (unter 2 a).

[73] Vgl. die Zusammenstellung der Verurteiltenziffern und die Angabe des Anteils der Vorbestraften bei Jescheck, Lehrbuch des Strafrechts, 1969, S. 18.

[74] v. Liszt, wie oben Anm. 32, Bd. I, S. 172 (Hervorhebung nicht im Original).

[75] Wie oben Anm. 40.

[76] Vgl. hierzu Bockelmann, Strafe und Erziehung.

[77] Zitiert nach Fritz Bauer, Das Verbrechen und die Gesellschaft, 1957, S. 147.

[78] Noll, Die ethische Begründung, S. 8, Anm. 16.

[79] So betont z. B. Arthur Kaufmann, Das Schuldprinzip, 1961, S. 208, ganz entschieden die „Zweiseitigkeit des Schuldprinzips" in dem Sinne, „daß die Strafe der Schuld zu entsprechen habe, daß aber auch grundsätzlich Schuld Strafe fordert". – Kritisch über das Schuldstrafrecht in diesem Sinne: Naegeli, Das Böse, S. 42.

[80] Vgl. hierzu ausführlich Schmidhäuser, Strafrecht, Allgemeiner Teil, 1970, 6/7, 16; 10/3.

[81] Vgl. René König, Soziologie, Fischer-Lexikon, 1958, S. 18, 19.

[82] Ein treffliches Beispiel bringt der Fall, der vom Bundesgerichtshof (Entscheidungen in Strafsachen, Bd. 9, S. 48) zu entscheiden war: Der Täter hatte auf nächtlicher Landstraße eine ihm im Dunkel nicht erkennbare Frau niedergeworfen, um den Beischlaf zu erzwingen; die Frau erkannte den Täter. „Als der Angeklagte sich auf sie warf, rief sie: ‚Hermann, laß mich los!' Bestürzt, weil er sich erkannt wußte, und jetzt die Überfallene selbst erkennend, entgegnete er fragend: ‚Lilo, du?' Er ließ sofort von ihr ab und stand auf."

[83] Baumann, wie oben Anm. 37, spricht von der „Fernwirkung" des in langer Kulturentwicklung gewachsenen Strafrechts.

[84] Gallas, Gründe und Grenzen, S. 4: „Denn nur die Androhung und Verhängung einer Strafe, die den Täter nach Verdienst behandelt und ihn damit als eine für seine Taten verantwortliche Person respektiert, machen es möglich, die Gesamtheit der Rechtsgenossen auf eine wirksame und zugleich dem Gerechtigkeitsempfinden und dem individuellen Freiheitsinteresse entsprechende Weise zur Rechtstreue zu erziehen und von der Begehung von Verbrechen abzuschrecken, also das zu erreichen, was man unter der ‚generalpräventiven' Wirkung der Strafe versteht."

[85] Römer 12, 17 und 21.

[86] Nietzsche, Also sprach Zarathustra („Von der Nächstenliebe").

[87] Scheler, Der Formalismus in der Ethik und die materiale Wertethik, 4. Aufl. 1954, S. 374. – Vgl. im selben Sinne: Hellmuth Mayer, Strafrecht, 1953, S. 33; Noll, Die ethische Begründung, S. 21.

[88] Schultz, Schweizerische Zeitschrift für Strafrecht, 1963, S. 208 f., weist hierzu auf „den grundlegenden Fehler aller Straf- oder Strafrechtstheorien" hin: „daß sie nämlich für das Strafen und das Strafrecht überhaupt eine selbständige Rechtfertigung zu geben beabsichtigen, wie wenn das Strafrecht vollständig für sich abgelöst be-

stehen würde und nicht ein Teil der Rechtsordnung wäre." „Die Rechtfertigung der Strafe fällt zusammen mit der Rechtfertigung des Rechts überhaupt als Zwangsordnung einer Gemeinschaft unvollkommener Wesen, wie es die Menschen eben sind."

[89] Nic. Hartmann, Ethik, 3. Aufl. 1949, S. 422.

[90] Herman Nohl, Der Sinn der Strafe, S. 161.

[91] Vgl. dazu: Preiser, Vergeltung und Sühne im altisraelischen Strafrecht, in: Eberhard Schmidt-Festschrift, 1961, S. 7 ff.

[92] Wolfgang Fischer, Zum Problem der Strafe in der Erziehung, in: Einführung in die pädagogische Fragestellung, Freiburg 1961, S. 147 ff., betont (S. 152) für die pädagogische Strafe: „Erst das gestrafte Ich bestimmt je und je in seinem Aktivieren den Wert der Strafe! Es bestimmt ihn dadurch, daß ihm die Strafe ausschließlich eine Aufgabe ist, ihr einen Sinn zu verleihen..." – Naegeli, Das Böse, S. 54, meint, die aktive Sühne sei das Entscheidende für die Persönlichkeitsbewährung.

[93] Wie es Trillhaas, Zur Theologie, tut, und zwar vor allem S. 45, 47, 48.

[94] Vgl. dazu umfassend die von mir angeregte Arbeit von Heinz Wagner, Das Verbrechen bei Dostojewski, Eine Untersuchung unter strafrechtlichem Aspekt, Diss. Göttingen, 1966.

[95] Dostojewski, Der Jüngling, 3. Teil, 3. Kapitel (Ausgabe Piper-Verlag, 1957, S. 588).

[96] Dostojewski, Rodion Raskolnikoff, 5. Teil, 4. Kapitel (Ausgabe Piper-Verlag, 1953, S. 564).

[97] Dostojewski, Die Brüder Karamasoff, 6. Buch II d (Ausgabe Piper-Verlag, 1955, S. 507).

98   Eberhard Schmidt, Zuchthäuser und Gefängnisse, o. J., S. 20; Preiser, Das Recht zu strafen, S. 82.

99   Goethe, Wahlverwandtschaften, 2. Teil, 14. und 15. Kapitel. – Vgl. dazu Korff, Geist der Goethezeit, 2. Aufl., 2. Teil (1954), S. 363 ff.

100   Dostojewski, wie Anm. 97 (Ausgabe Piper-Verlag, 1955, S. 509).

101   Wofür Scheler in der Strafe die Form sieht; wie oben Anm. 87, S. 376. – Zur Funktion der Strafe im Verhältnis zwischen Verletztem und Bestraftem vgl. vor allem Stratenwerth, Schuld und Sühne.

102   Man vergleiche hierzu etwa: Dreher, Über die gerechte Strafe, 1947; Spendel, Die Lehre vom Strafmaß, 1954; Henkel, Die „richtige" Strafe, 1969; und überhaupt die umfangreiche Literatur zu Fragen der Strafzumessung, insbesondere: Bruns, Strafzumessungsrecht, 1967.

103   V. Schlotheim, Monatsschrift für Kriminologie und Strafrechtsreform, 1960, S. 222.

104   Vgl. für andere Bruns, Strafzumessungsrecht, 1967, S. 328 ff.

105   Vgl. hierzu neuerdings u. a. Schüler-Springorum, Strafvollzug im Übergang, 1969; Müller-Dietz, Mit welchem Hauptinhalt empfiehlt es sich, ein Strafvollzugsgesetz zu erlassen? Gutachten für den 48. Deutschen Juristentag, 1970; derselbe, Strafvollzug und Gesellschaft, 1970; Würtenberger, Reform des Strafvollzugs im sozialen Rechtsstaat, Juristen-Zeitung 1967, S. 233 ff.

106   Noll, Die ethische Begründung, S. 14, 16 (auch zum im Text Folgenden).

107   W. v. Humboldt, Ideen zu einem Versuch, die Grenzen der Wirksamkeit des Staats zu bestimmen, Abschnitt XIII: Kriminalgesetze.

[108] Siehe dazu Trillhaas, Zur Theologie, S. 51.

[109] Eberhard Schmidt, Zuchthäuser und Gefängnisse, o. J., vermittelt einen Eindruck der Nöte, unter denen auch der heutige Strafvollzug noch zu leiden hat (vor allem S. 27 ff.).

[110] Noll, Die ethische Begründung, bes. S. 14 ff., rückt die Mitverantwortung in den Mittelpunkt unseres Verhältnisses zum staatlichen Strafen.

Das letzte Zitat im Text: Hölderlin, Lebenslauf.

Anmerkungen des Herausgebers

Die Endnoten in den eckigen Klammern bezeichnen die vom Herausgeber eingefügten Anmerkungen.

[1] § 65 StGB a. F. wurde durch Art. 2 StVollzÄndG zugunsten einer Vollzugslösung, vgl. §§ 9, 123 ff. StVollzG, aufgehoben.

[2] § 51 StGB a. F. (Zurechnungsfähigkeit und verminderte Schuldfähigkeit) entspricht im Wesentlichen den heutigen §§ 20, 21 StGB.

[3] Vgl. § 42 StGB a. F., heute § 61 StGB, in dem die Begriffe „Heil- und Pflegeanstalt" und „Trinkerheilanstalt" durch „psychatrisches Krankenhaus" und „Entziehungsanstalt" ersetzt wurden.

[4] Der Strafrahmen des § 242 wurde erst durch das EGStGB vom 2. 3. 1974 um die Geldstrafe erweitert.

[5] § 223 a. F. („vorsätzliche leichte Körperverletzung") und § 239 a. F. sahen keine Versuchsstrafbarkeit vor. Diese wurde erst mit dem 6. StRG vom 26. 1. 1998 eingeführt (vgl. §§ 223 Abs. 2, 239 Abs. 2 StGB).

[6] § 182 a. F. (Verführung) wurde durch den auf beide Geschlechter bezogenen § 182 (sexueller Missbrauch von Jugendlichen) ersetzt.

[7] Vgl. § 247 Abs. 2 a. F. StGB. Nach dem durch das EStGB vom 2. 3. 1974 neu gefassten § 247 StGB ist auch der Diebstahl unter E-hegatten als Angehörigen strafbar, wird jedoch nur auf Antrag verfolgt.

[8] Die Verjährung bei Mord wurde durch das 16. StÄG vom 16. 7. 1979 aufgehoben, vgl. § 78 Abs. 2 StGB.

[9] § 153 c StPO a. F. entspricht dem heutigen § 153 d StPO.

[10] Nach § 257 a. F. StGB. der sowohl die sachliche Begünstigung als auch die Strafvereitelung umfasste, war der Täter in beiden Varianten straflos, wenn er die Tat zugunsten eines Angehörigen beging (§§ 257 Abs. 1, 2 a. F.). Dieser persönliche Strafaufhebungsgrund besteht heute nur noch für die Strafvereitelung (§ 258 Abs. 6 StGB).

[11] Heute § 66 StGB (Sicherungsverwahrung).

[12] Der Begriff Notzucht (§ 177 a. F.) wurde mit dem 4. StRG durch den der Vergewaltigung ersetzt, vgl. § 177 StGB.

[13] Die §§ 298 und 353 d a. F. (Abhörverbot und Missbrauch der Vertraulichkeit des Wortes durch Beamte) wurden mit dem 2. WiKG vom 15. 5. 1986 durch § 201 StGB ersetzt.

[14] Siehe Hinweis in Endnote 12.

[15] Die Bewährungshilfe ist heute in § 56 d StGB geregelt.

[16] Siehe Hinweis in Endnote 13.

Kleine Bibliographie zum Thema Strafe

(aus der Zeit nach dem ersten Weltkrieg)

von Eberhard Schmidhäuser

– Soweit hier angeführte Literatur in den Anmerkungen zitiert wird, geschieht es dort mit gekürzter Titelangabe –

Ancel, Marc, Die geistigen Grundlagen der Lehre von der sozialen Verteidigung (Défense sociale), Monatsschrift für Kriminologie und Strafrechtsreform, Sonderheft 1956, S. 51 ff.

– Die neue Sozialverteidigung, Eine Bewegung humanistischer Kriminalpolitik, Stuttgart 1970.

Bauer, Fritz, Das Verbrechen und die Gesellschaft, München/Basel 1957.

– Vom kommenden Strafrecht, Karlsruhe 1969.

Baumann, Jürgen (Hrsg.), Programm für ein neues Strafgesetzbuch, Frankfurt/M. 1968.

Baumgarten, Arthur, Die Idee der Strafe, Berlin 1952.

Bianchi, Herman, Ethik des Strafens, Neuwied 1966.

Bitter, Wilhelm (Hrsg.), Verbrechen – Schuld oder Schicksal? Zur Reform des Strafwesens, Stuttgart 1969.

Bockelmann, Paul, Strafe und Erziehung, in: Festschrift für Julius v. Gierke, Göttingen 1950, S. 27 ff.

– Vom Sinn der Strafe, in: Heidelberger Jahrbücher V, 1961, S. 25 ff.

Dombois, Hans, Mensch und Strafe, Witten 1957.

Frey, Erwin (Hrsg.), Schuld, Verantwortung, Strafe im Lichte der Theologie, Jurisprudenz, Soziologie, Medizin und Philosophie, Zürich 1964.

Gallas, Wilhelm, Gründe und Grenzen der Strafbarkeit (Heidelberger Jahrbücher IX, 1965, S. 1), erneut in: Gallas, Beiträge zur Verbrechenslehre, S. 1 ff., Berlin 1968.

Gollwitzer, Helmut, Das Wesen der Strafe in theologischer Sicht, in: Universitätstage 1964, Berlin 1964, S. 29 ff.

Grammatica, Filippo, Grundlagen der Défense sociale, 1. und 2. Teil (aus dem Italienischen übersetzt von A. Mergen und G. Herbig), Hamburg 1965.

Grassberger, Roland, Die Strafe, Österreichische Juristenzeitung 1961, S. 169 ff.

Grünhut, Max, Gefährlichkeit als Schuldmoment, in: Aschaffenburg-Festschrift, Beiheft 1 der Monatsschrift für Kriminalpsychologie und Strafrechtsreform, Heidelberg 1926, S. 87 ff.

Jescheck, Hans-Heinrich, Das Menschenbild unserer Zeit und die Strafrechtsreform, Tübingen 1957.

Klug, Ulrich, Die zentrale Bedeutung des Schutzgedankens für den Zweck der Strafe, Berlin 1938.

Lange, Richard, Grundfragen der deutschen Strafrechtsreform, Schweizerische Zeitschrift für Strafrecht, Bd. 70, 1955, S. 373 ff.

Ludwig, Carl, Der Sühnegedanken im schweizerischen Strafrecht, Basel 1952.

Maihofer, Werner, Menschenbild und Strafrechtsreform – Das philosophische Problem der Strafe, in: Universitätstage 1964, Berlin 1964, S. 5 ff.

Naegeli, Eduard, Das Böse und das Strafrecht, München 1966.

Nagler, Johannes, Die Strafe, Leipzig 1918.

Naucke, Wolfgang, Die Reichweite des Vergeltungsstrafrechts bei Kant, Schleswig-Holsteinische Anzeigen, 1964, S. 203 ff.

Nohl, Herman, Der Sinn der Strafe, in: Pädagogik aus dreißig Jahren, Frankfurt/M. 1949, S. 161 ff.

Noll, Peter, Die ethische Begründung der Strafe, Tübingen 1962.

Nowakowski, Friedrich, Freiheit, Schuld, Vergeltung, in: Festschrift für Theodor Rittler, Aalen 1957, S. 55 ff.

Plato, Gorgias, Hamburg 1955.

Plato, Protagoras, Hamburg 1956.

Preiser, Wolfgang, Das Recht zu strafen, in: Festschrift für Edmund Mezger, München 1954, S. 71 ff.

Rebhan, Axel, Franz von Liszt und die moderne défense sociale, Hamburg 1963.

Reiwald, Paul, Die Gesellschaft und ihre Verbrecher, Zürich 1948

Roxin, Claus, Sinn und Grenzen staatlicher Strafen, Juristische Schulung 1966, S. 377 ff.

v. Schlotheim, Hans-Hartmann, Sinn und Zweck des Strafens und der Strafe, Monatsschrift für Kriminologie und Strafrechtsreform, 1967, S. 1 ff.

Schmidt, Eberhard, Vergeltung, Sühne und Spezialprävention, Zeitschrift für die gesamte Strafrechtswissenschaft, Bd. 67, 1955, S. 177 ff.

Stock, Ulrich, Die Strafe als Dienst am Volke, Tübingen 1933.

Stratenwerth, Günter, Schuld und Sühne, Evangelische Theologie 1958, S. 337 ff.

Trillhaas, Wolfgang, Zur Theologie der Strafe, Heidelberger Jahrbücher V, 1961, S. 40 ff.

Würtenberger, Thomas, Kriminalpolitik im sozialen Rechtsstaat, Ausgewählte Aufsätze und Vorträge (1948 - 1969), Stuttgart 1970.

Zum Thema *Strafzumessung* vgl. Anm. 102, zum Thema *Strafvollzug* vgl. Anm. 105 und 109.

Ergänzende Bibliographie zur neueren Strafzweckdiskussion

von Eric Hilgendorf

Die Bibliographie beschränkt sich auf eine knappe, auch für Studierende lesbare Auswahl aus dem fast unüberschaubar gewordenen Schrifttum.

Albrecht, Peter-Alexis, Kriminologie, 2. Aufl. 2002, 2. Kapitel.

Arzt, Gunther, Der Ruf nach Recht und Ordnung, 1976.

Baurmann, Michael, Zweckrationalität und Strafrecht, 1987.

Ders., Vorüberlegungen zu einer empirischen Theorie der positiven Generalprävention, in: Goltdammer's Archiv für Strafrecht 1994, S. 368 - 384.

Bock, Michael, Prävention und Empirie, in: Juristische Schulung 1994, S. 89 - 99.

Dölling, Dieter, Generalprävention durch Strafrecht: Realität oder Illusion?, in: Zeitschrift für die gesamte Strafrechtswissenschaft Bd. 102 (1990), S. 1 - 20.

Ders., Zur spezialpräventiven Aufgabe des Strafrechts, in: Festschrift für Ernst-Joachim Lampe zum 70. Geburtstag, 2003, S. 596 - 609.

Ebert, Udo, Talion und Spiegelung im Strafrecht, in: Festschrift für Karl Lackner zum 70. Geburtstag, 1987, S. 399 - 422.

Hart, Herbert. L. A., Eine Vereinigungstheorie von Prävention und Vergeltung, in: Norbert Hoerster (Hg.), Recht und Moral, 1991, S. 262 - 283.

Hassemer, Winfried, Prävention im Strafrecht, in: Juristische Schulung 1987, S. 257 - 266.

Heinz, Wolfgang, Sanktionierungspraxis in der Bundesrepublik Deutschland im Spiegel der Rechtspflegestatistiken, in: Zeitschrift für die gesamte Strafrechtswissenschaft Bd. 111 (1999), S. 461 - 503.

Ders., Kriminalpolitik an der Wende zum 21. Jahrhundert: Taugt die Kriminalpolitik des ausgehenden 20. Jahrhunderts für das 21. Jahrhundert?, in: Bewährungshilfe 47 (2000), S. 131 - 157.

Hoerster, Norbert, Zur Generalprävention als dem Zweck staatlichen Strafens, in: Goldtammer's Archiv für Strafrecht 1970, S. 272 - 281.

Jehle, Jörg-Martin (Hg.), Kriminalprävention und Strafjustiz, 1996.

Ders. (Hg.), Täterbehandlung und neue Sanktionsformen. Kriminalpolitische Konzepte in Europa, 2000.

Kaiser, Günther, Kriminologie, 10. Aufl. 1997, 3. Kapitel.

Klug, Ulrich, Abschied von Kant und Hegel, in: Jürgen Baumann (Hg.), Programm für ein neues Strafgesetzbuch, 1968, S. 36 - 41.

Küpper, Georg, Richtiges Strafen – Fragestellungen zwischen Strafrechtsdogmatik und Rechtsphilosophie, in: Jahrbuch für Recht und Ethik 11 (2003), S. 53 - 82.

Kunz, Karl-Ludwig, Kriminologie, 3. Aufl. 1998, 6. Kapitel.

Lampe, Ernst-Joachim, Strafphilosophie. Studien zur Strafgerechtigkeit, 1999.

Laubenthal, Klaus, Strafvollzug, 3. Aufl. 2003.

Lüderssen, Klaus, Abschaffen des Strafens?, 1995.

Naucke, Wolfgang, Gesetzlichkeit und Kriminalpolitik. Abhandlungen zum Strafrecht und zum Strafprozessrecht, 1999.

Neumann, Ulfrid/Schroth, Ulrich (Hg.), Neuere Theorien von Kriminalität und Strafe, 1980.

Roxin, Claus, Wandlungen der Strafzwecklehre, in: Festschrift für Heinz Müller-Dietz zum 70. Geburtstag, 2001, S. 701 - 715.

Scheffler, Uwe, Grundlegung eines kriminologisch orientierten Strafrechtssystems, 1987.

Schmidhäuser, Eberhard, Über Strafe und Generalprävention, in: Festschrift für E. A. Wolff zum 70. Geburtstag, 1998, S. 443 - 458.

Schmidtchen, Dieter, Prävention und Menschenwürde, in: Festschrift für Ernst-Joachim Lampe zum 70. Geburtstag, 2003, S. 245 - 274.

Schünemann, Bernd, Kritische Anmerkungen zur geistigen Situation der deutschen Strafrechtswissenschaft, in: Goldammer's Archiv für Strafrecht 1995, S. 201 - 229.

Schumann, Karl F., Positive Generalprävention, 1989.

Seelmann, Kurt, Anerkennungsverlust und Selbstsubsumtion. Hegels Straftheorien, 1995.

Eberhard Schmidhäuser

Vita Eberhard Schmidhäuser (10.10.1920 - 6.3.2002)

Eberhard Schmidhäuser wurde am 10. Oktober 1920 als erstes von 4 Kindern des Richters *Hermann Schmidhäuser* und seiner Ehefrau *Hilde Schmidhäuser*, geb. Schwab, in Stuttgart geboren. 1924 übernahm sein Vater die Leitung des Jugendgefängnisses in Heilbronn am Neckar. Die Wohnung der Familie Schmidhäuser war – bis zur Zerstörung im Dezember 1944 beim Luftangriff auf Heilbronn – im ersten Stockwerk des Verwaltungsgebäudes untergebracht, das das Areal des Jugendgefängnisses gegen die Straße hin abschloss. *Eberhard Schmidhäuser* kam somit schon als Heranwachsender mit dem Phänomen der staatlichen Strafe praktisch in Berührung. Das Jugendgefängnis von Heilbronn war für damalige Verhältnisse eine fortschrittliche Strafanstalt, die dem Gedanken der Resozialisierung verpflichtet war. So gab es Werkstätten und einen landwirtschaftlichen Betrieb, was den Jugendlichen die Absolvierung einer Lehre während der Haftzeit ermöglichte. Der Vater war für seine Kontaktfreudigkeit und Wärme, aber auch für seine strenge Rechtlichkeit bekannt.

Im Frühjahr 1938 endete für *Schmidhäuser* nach nur acht Jahren die Gymnasialzeit mit der Einziehung zum Reichsarbeitsdienst und anschließendem Militärdienst. Nach der Absolvierung eines (Reserve)-Offizierslehrgangs in Potsdam wurde er 1941 am ersten Tag des Russlandfeldzuges schwer verwundet, was eine Amputation des linken Unterschenkels notwendig machte. Noch im Sommer 1942, vom Lazarett in Bad Cannstatt aus, belegte der junge *Schmidhäuser* Vorlesungen in Volkswirtschaft und Kunstgeschichte an der Technischen Hochschule in Stuttgart. Eine Rot-Grün-Farbenschwäche brachte ihn jedoch davon ab, Studium und Berufswahl auf Kunstgeschichte auszurichten, und im Wintersemester 1942 begann er sein Jurastudium in Straßburg. In dieser Zeit lernte er seine spätere Ehefrau *Elsbeth Schmidhäuser*, geb.

Hahn, kennen, die er im April 1945, kurz vor Kriegsende, in Stuttgart heiratete.

Schmidhäuser studierte in Straßburg, Freiburg und Tübingen, wo er im Juni 1946 das erste juristische Staatsexamen ablegte. Seinen Referendardienst trat *Schmidhäuser* in Stuttgart an und schloss ihn 1949 mit dem zweiten juristischen Staatsexamen ab. Während der Referendarszeit begann er mit der Arbeit an seiner Dissertation. Sie trägt den Titel „Untersuchungen zum System des Strafrechts (die Straftat)" und wurde an der Universität Tübingen von *Eduard Kern* betreut.

Das Berufsleben begann für *Schmidhäuser* im Mai 1949 als Assessor und (ab Oktober 1950) Richter am Landgericht Stuttgart. Zusammen mit anderen jungen Juristen wurde er Anfang der 50er Jahre zu einer Rundreise durch die USA ausgewählt, die vom Oktober 1951 bis zum Januar 1952 dauerte. *Schmidhäuser* lernte in dieser Zeit nicht nur das Rechtssystem der Vereinigten Staaten gut kennen, sondern auch die Kunstschätze in den großen amerikanischen Museen. Die Reise durch die Vereinigten Staaten hat seinem Denken viele Anstöße gegeben.

1953 entsprach das Württembergische Justizministerium seiner Bitte um Beurlaubung und ermöglichte damit den Wechsel auf die damals einzige Vollassistentenstelle an der juristischen Fakultät in Tübingen. Betreut von *Eduard Kern* und *Wilhelm Gallas* entstand die Habilitationsschrift „Gesinnungsmerkmale im Strafrecht", die 1958 im Druck erschien. 1959 folgte ein Ruf nach Göttingen, wo im Jahre 1963 die erste Auflage der Schrift „Vom Sinn der Strafe" publiziert wurde. Einen Ruf an die Universität Basel im Jahre 1961 lehnte *Schmidhäuser* ab, nahm dann aber 1963 einen Ruf der Universität Hamburg an, der er auch nach seiner Emeritierung 1986 eng verbunden blieb.

Die Ergebnisse seines wissenschaftlichen Arbeitens hat *Schmidhäuser* in einer großen Zahl von Beiträgen auf dem Gebiet des Strafrechts und des Strafprozessrechts publiziert. So entstand das Lehrbuch „Strafrecht Allgemeiner Teil", dessen erste Auflage 1970 erschien, und später der „Besondere Teil" (1. Aufl. 1980). Mit der Neuauflage des Lehrbuchs zum Allgemeinen Teil 1975 empfand *Schmidhäuser* seine systematische Arbeit zur Straftatlehre als weitgehend abgeschlossen. Er befasste sich von nun an vor allem mit Einzelaspekten der Strafrechtsdogmatik. Das methodische Leitprinzip, das *Schmidhäuser* in seinem großen Lehrbuch zu Grunde legte und in zahlreichen Aufsätzen fortführte, ist der Gedanke der *teleologischen Begriffs- und Systembildung*: Die strafrechtliche Begrifflichkeit und die Systematik haben sich an den Straffolgen und Strafzwecken zu orientieren, sind also nicht vorrechtlich, z. B. „begrifflich" oder „sachlogisch", festgelegt.

Neben der Strafrechtsdogmatik beschäftigte *Schmidhäuser* sich intensiv mit der europäischen Literaturgeschichte. Die Darstellung von Verbrechen und Strafe sah er als Indikatoren kulturell bestimmter Wertstrukturen. Anfang der 80er Jahre leitete er für die Studienstiftung des deutschen Volkes ein Sommerseminar zu zentralen Texten über Verbrechen und Strafe in der Weltliteratur. Bei diesem Projekt wurde er tatkräftig von seiner Frau unterstützt, welche die Vorbereitungen zur Besprechung von Kafkas „Der Prozeß" übernahm. Zeitlebens eine verständnisvolle Partnerin, trägt auch sie einen gewichtigen Anteil an dem so vielseitigen und beständigen Werk *Schmidhäusers*. Aus der Themenstellung des Sommerseminars entstand das Buch „Verbrechen und Strafe – ein Streifzug durch die Weltliteratur von Sophokles bis Dürrematt", das 1996 in zweiter Auflage erschien.

Schmidhäuser fühlte sich Forschung und Lehre gleichermaßen verpflichtet. Die Atmosphäre, die in seinen Veranstaltungen herrschte, wird in dem Brief eines ehemaligen Studenten mit folgenden Worten beschrieben: „Jedem Einwand, egal, wer ihn vorgetragen hat, ist er nachgegangen. Er sagte einmal, sein Lehrbuch sei zu einem guten Teil von seinen Studenten geschaffen, gewachsen in Rede und Gegenrede. Mit diesem Beteiligen und Einbinden in wissenschaftliches Arbeiten hat er begeistert und geprägt und gelehrt." Am 6. März 2002 verstarb *Eberhard Schmidhäuser* im Alter von 81 Jahren in Hamburg im engsten Familienkreis.

Bibliographie von Eberhard Schmidhäuser (Auswahl)

I. Monographien

Untersuchungen zum System des Strafrechts (die Straftat), Diss. Tübingen 1951 (Masch.).

Gesinnungsmerkmale im Strafrecht, 1958 (Habil. Tübingen 1957).

Vom Sinn der Strafe, 1963, 2. Aufl. 1971.

Von den zwei Rechtsordnungen im staatlichen Gemeinwesen. Ein Beitrag zur allgemeinen Rechtstheorie, 1964 (Schriftenreihe der Juristischen Gesellschaft e.V. Berlin, Heft 18).

Strafrecht Allgemeiner Teil. Lehrbuch, 1970, 2. Aufl. 1975.

Einführung in das Strafrecht, 1972, 2. Aufl. 1984.

Strafrecht Besonderer Teil. Grundriss, 1980, 2. Aufl. 1983.

Strafrecht Allgemeiner Teil. Studienbuch, 1982, 2. Aufl. 1984.

Vorsatzbegriff und Begriffsjurisprudenz im Strafrecht, 1986 (Recht und Staat 356/357).

Form und Gehalt der Strafgesetze, 1988 (Veröffentlichungen der Jungius-Gesellschaft der Wissenschaften Hamburg, Nr. 56).

Die actio libera in causa – ein symptomatisches Problem der deutschen Strafrechtswissenschaft, 1992 (Berichte aus den Sitzungen der Joachim Jungius-Gesellschaft der Wissenschaften e.V., Hamburg, Jahrgang 10, 1992, Heft 1).

Vom Verbrechen zur Strafe. Albert Camus „Der Fremde" – Ein Weg aus der Absurdität menschlichen Daseins, 1992 (Juristische Studiengesellschaft Karlsruhe, Heft 202).

Ist Hamlet ein Zauderer? Ortsvereinigung Hamburg der Goethe-Gesellschaft in Weimar, Jahresgabe 1992/93.

Verbrechen und Strafe – Ein Streifzug durch die Weltliteratur von Sophokles bis Dürrenmatt, 1995, 2. Aufl. 1996.

II. Aufsätze

Willkürlichkeit und Finalität als Unrechtsmerkmal im Strafrechtssystem, in: ZStW Bd. 66 (1954), S. 27 - 40.

Zum Begriff der bewussten Fahrlässigkeit, in: Festgabe für Eduard Kern zum 70. Geburtstag, 1957, S. 305 - 314.

Objektive Strafbarkeitsbedingungen, in: ZStW Bd. 71 (1959), S. 545 - 564.

Zur Frage nach dem Ziel des Strafprozesses, in: Festschrift für Eberhard Schmidt zum 70. Geburtstag, 1961, S. 511 - 524.

Über Aktualität und Potentialität des Unrechtsbewusstseins, in: Beiträge zur gesamten Strafrechtswissenschaft, Festschrift für Hellmuth Mayer zum 70. Geburtstag, 1966, S. 317 - 338.

Zur Systematik der Verbrechenslehre. Ein Grundthema Radbruchs aus der Sicht der neueren Strafrechtsdogmatik, in: Gedächtnisschrift für Gustav Radbruch, 1968, S. 268 - 280.

Der Unrechtstatbestand, in: Festschrift für Karl Engisch zum 70. Geburtstag, 1969, S. 433 - 455.

Über die Wertstruktur der Notwehr, in: Festschrift für Richard M. Honig zum 80. Geburtstag, 1970, S. 185 - 199.

Freikaufverfahren mit Strafcharakter im Strafprozeß ?, in: JZ 1973, S. 529 - 536.

Gesinnungsethik und Gesinnungsstrafrecht, in: Festschrift für Wilhelm Gallas zum 70. Geburtstag, 1973, S. 81 - 97.

Über den Einfluß kriminologischer Tattypen auf die Fassung von Strafgesetzen, in: Monatsschrift für Kriminologie und Strafrechtsreform 1973, S. 342 - 352.

Über die Praxis der Gerichte, die richterliche Verantwortung in der Strafrechtsanwendung zu verschleiern, in: Grundfragen der gesamten Strafrechtswissenschaft. Festschrift für Heinrich Henkel zum 70. Geburtstag, 1974, S. 229 - 238.

Selbstmord und Beteiligung am Selbstmord in strafrechtlicher Sicht, in: Festschrift für Hans Welzel zum 70. Geburtstag, 1974, S. 801 - 822.

Fahrlässige Straftat ohne Sorgfaltspflichtverletzung, in: Festschrift für Friedrich Schaffstein zum 70. Geburtstag, 1975, S. 129 - 158.

Unrechtsbewußtsein und Schuldgrundsatz – Schwerpunkte der BGH-Rechtsprechung auf dem Gebiet des Strafrechts, in: NJW 1975, S. 1807 - 1813.

„Objektiver" und „subjektiver" Tatbestand: Eine verfehlte Unterscheidung, in: Lebendiges Strafrecht. Festgabe zum 65. Geburtstag von Hans Schultz, 1977, S. 61 - 71.

Teleologisches Denken in der Strafrechtsanwendung, in: Kultur – Kriminalität – Strafrecht. Festschrift für Thomas Württemberger zum 70. Geburtstag, 1977, S. 91 - 108.

Über die Zueignungsabsicht als Merkmal der Eigentumsdelikte, in: Festschrift für Hans-Jürgen Bruns zum 70. Geburtstag, 1978, S. 345 - 364.

Verfassungswidrigkeit der lebenslangen Freiheitsstrafe für Mord und Verfassungswidrigkeit der BGH-Rechtsprechung zur Heimtücke als Mordmerkmal – Urteil des Bundesverfassungsgerichts vom 21. 6. 1977, in: JR 1978, S. 265 - 271.

Über die Anzeigepflicht des Teilnehmers, in: Festschrift für Paul Bockelmann zum 70. Geburtstag, 1979, S. 683 - 698.

Der Verbotsirrtum und das Strafgesetz (§ 16 I Satz 1 und § 17 StGB) – Zugleich zum Beschluß des Bundesverfassungsgerichts vom 17. 12. 1975 über die Verfassungsmäßigkeit des § 17 StGB – JZ 1976, S. 91, BVerfGE 41, 121, in: JZ 1979, S. 361 - 369.

Zum Mordmerkmal der Habgier. Bemerkungen über ein Urteil des Hanseatischen Oberlandesgerichtes Hamburg, in: Aus dem Hamburger Rechtsleben. Walter Reimers zum 65. Geburtstag, 1979, S. 445 - 457.

Zur Bindungswirkung der Entscheidung des Bundesverfassungsgerichts über die Verfassungsmäßigkeit des § 17 StGB, Schlusswort, in: JZ 1980, S. 396.

Die Grenze zwischen vorsätzlicher und fahrlässiger Straftat („dolus eventualis" und „bewußte Fahrlässigkeit"), in: JuS 1980, S. 241 - 252.

Bedeutung und Praktikabilität des Gesinnungsbegriffs bei den Tötungsdelikten, in: Tötungsdelikte, hg. von H. Göppinger und P.H. Bresser, 1980, S. 103 - 118.

Die „Gesetzesverletzung". Bemerkungen zur Terminologie im materiellen und im formellen Strafrecht, in: Festschrift für Hanns Dünnebier zum 75. Geburtstag, 1982, S. 407 - 420.

Zur Frage von Teilnahme am Selbstmord und Tötungsherrschaft, in: JZ 1984, S. 194 - 196.

Strafrechtlicher Vorsatzbegriff und Alltagssprachgebrauch, in: Festschrift für Dietrich Oehler zum 70. Geburtstag, 1985, S. 135 - 161.

Über den axiologischen Schuldbegriff des Strafrechts: Die unrechtliche Tatgesinnung, in: Festschrift für Hans-Heinrich Jescheck zum 70. Geburtstag, 1985, S. 485 - 502.

Was ist aus der finalen Handlungslehre geworden? Zugleich eine Besprechung der Lehrbücher zum Allgemeinen Teil des Strafrechts von Blei, Jakobs, Jescheck, Maurach/Zipf und Maurach/Gössel/Zipf, Stratenwerth, in: JZ 1986, S. 109 - 116.

Das Verbrechen in Kleists „Marquise von O...". Eine nur am Rande strafrechtliche Untersuchung, in: Kleist-Jahrbuch 1986, S. 156 – 175.

Unbefugter Gebrauch eines Fahrzeugs auch bei bloßer unbefugter Weiterbenutzung, etwa nach Ende eines Mietvertrages über einen PKW, in: NStZ 1986, S. 460 - 461.

Über einige Begriffe der teleologischen Straftatlehre, in: JuS 1987, S. 373 - 380.

Strafgesetzliche Bestimmtheit: eine rechtsstaatliche Utopie, in: Gedächtnisschrift für Wolfgang Martens, 1987, S. 231 - 247.

Zum Begriff der Rechtfertigung im Strafrecht, in: Festschrift für Karl Lackner, 1987, S. 231 - 247.

Begehung, Handlung und Unterlassung im Strafrecht – Terminologie und Begriffe, in: Gedächtnisschrift für Armin Kaufmann, 1989, S. 131 - 157.

Der Zusammenhang von Vermögensverfügung und Vermögensschaden beim Betrug (§ 263 StGB), in: Festschrift für Herbert Tröndle zum 70. Geburtstag, 1989, S. 305 - 311.

Der Verdeckungsmord und das Urteil BGH – 2 StR 559/87, in: NStZ 1989, S. 55 - 58.

Illusionen in der Normentheorie und das Adressatenproblem im Strafrecht, in: JZ 1989, S. 419 - 425.

Mietvertraglich nicht gestatteter Weitergebrauch eines Kraftfahrzeuges nach StGB § 248b strafbar? (Anmerkung), in: NStZ 1990, S. 341.

Die Begründung der Notwehr, in: GA 1991, S. 97 - 139.

Zum Notwehrrecht eines Polizeibeamten im Dienst, in: JZ 1991, S. 936 - 940.

Über die strafrechtliche Konkurrenzlehre, in: 140 Jahre Goltdammer's Archiv für Strafrecht. Eine Würdigung zum 70. Geburtstag von Paul-Günter Pötz, 1993, S. 191 - 204.

„Tatherrschaft" als Deckname der ganzheitlichen Abgrenzung von Täterschaft und Teilnahme im Strafrecht, in: Festschrift für Walter Stree und Johannes Wessels zum 70. Geburtstag, 1993, S. 343 - 363.

Das „Gesetz" in Franz Kafkas Roman „Der Prozeß", in: Strafgerechtigkeit. Festschrift für Arthur Kaufmann zum 70. Geburtstag, 1993, S. 803 - 817.

Handeln mit Einwilligung des Betroffenen – strafrechtlich: eine scheinbare Rechtsgutsverletzung, in: Festschrift für Friedrich Geerds zum 70. Geburtstag, 1995, S. 593 - 602.

Gedanken zum strafrechtlichen Handlungsbegriff – Ein Wort zu Herzbergs gleichnamigem Aufsatz, in: GA 1996, S. 303 - 306.

Kafkas „Der Prozeß": ein Versuch aus der Sicht des Juristen, in: Literatur und Recht: literarische Rechtsfälle von der Antike bis in die Gegenwart, hg. von U. Mölk, 1996, S. 341 - 355.

Über Strafe und Generalprävention, in: Festschrift für E. A. Wolff zum 70. Geburtstag, 1998, S. 443 - 458.

Freiheitlicher Rechtsbegriff und allgemeine Strafrechtslehre: Michael Köhler, Strafrecht, Allgemeiner Teil, in: GA 1998, S. 363 - 377.

Goethes Denken über Recht und Staat – aus der Sicht von gestern und heute, in: Goethe-Jahrbuch Bd. 116 (1999/2000), S. 178 - 190.

Die Unterlassungsdelikte – Terminologie und Begriffe, in: Grundfragen staatlichen Strafens. Festschrift für Heinz Müller-Dietz zum 70. Geburtstag, 2001, S. 761 - 781.

Über Eberhard Schmidhäuser

Zum Gedenken an Eberhard Schmidhäuser. Reden, gehalten auf der akademischen Gedenkfeier der Universität Hamburg am 6. Februar 2003, hg. vom Institut für Kriminalwissenschaften, Hamburg. Hamburg University Press 2004 (Hamburger Universitätsreden Neue Folge, Bd. 6).

Bibliographie von Elsbeth Schmidhäuser

In Eberhard Schmidhäusers Seminar über „Verbrechen und Strafe in der Weltliteratur" wurde auf Drängen der Studenten auch „Der Prozeß" von Franz Kafka besprochen. Die Vorbereitung, die seine Frau Elsbeth Schmidhäuser übernahm, sprengte jedoch den Rahmen eines Seminarbeitrages. Von Eberhard Schmidhäuser unterstützt, entstanden daraus die folgenden Veröffentlichungen:

Die Verhaftung des Josef K., in: NJW 1991, S. 1455 - 1460.

Franz Kafkas Erzählung „In der Strafkolonie". Psychoanalytische und andere Aspekte, in: Jahrbuch der Psychoanalyse 1996, S. 178 - 224.

Kafka über Kafka. „Der Proceß" – gelesen und gesehen, 2000.

Anmerkung zum Herausgeber

Prof. Dr. Dr. Eric Hilgendorf ist Ordinarius für Strafrecht, Strafprozessrecht, Informationsrecht und Rechtsinformatik an der Julius-Maximilians-Universität Würzburg. Zu seinen Arbeitsgebieten gehören auch Rechtsphilosophie und Rechtstheorie. Weitere Angaben unter www.rechtstheorie.de.